Autodisciplina para empresarios

Cómo desarrollar y mantener
la autodisciplina
como emprendedor

Por

Martin Meadows

Suscríbete a mi boletín informativo

Me gustaría seguir en contacto contigo. Suscríbete a mi boletín y podrás escuchar acerca de mis nuevos lanzamientos, recibirás artículos gratuitos, podrás participar en sorteos y recibirás otros correos electrónicos valiosos creados por mí.

Aquí está el enlace para suscribirte:
http://www.profoundselfimprovement.com/boletin

Tabla de contenidos

Suscríbete a mi boletín informativo 2

Tabla de contenidos.. 3

Prólogo 4

Capítulo 1: ¿Por qué eres un empresario emprendedor?.. 9

Capítulo 2: Creando un estilo de vida centrado en la autodisciplina............................ 28

Capítulo 3: Cómo mantener el equilibrio y no perder la cordura 54

Capítulo 4: Cuatro juegos de herramientas para desarrollar tu autodisciplina como empresario 72

Capítulo 5: Los desafíos más comunes que enfrentan las personas que quieren comenzar un negocio..................... 97

Capítulo 6: Desafíos comunes de autodisciplina entre los empresarios experimentados 120

Capítulo 7: Preguntas frecuentes relacionadas con la autodisciplina................... 142

Epílogo 175

Suscríbete a mi boletín informativo 178

¿Podrías ayudar? 179

Sobre Martin Meadows..................................... 180

Prólogo

Como un emprendedor que ha trabajado por su cuenta durante toda su vida, sé lo desafiante que puede ser el espíritu empresarial.

Las dificultades que las personas generalmente asocian con trabajar por cuenta propia — como encontrar una idea para un negocio, obtener capital, crear un producto, buscar clientes y contratar empleados — son solo el comienzo.

Las actividades empresariales también representan desafíos para tu autodisciplina. Las personas que nunca han trabajado por cuenta propia no se dan cuenta de lo vertiginoso que puede ser el trabajo autónomo.

La autodisciplina siempre ha sido mi fuerte desde que era un niño. Todavía recuerdo cómo ahorraba mi dinero en lugar de gastarlo como los otros niños, cómo preferiría trabajar en mis objetivos a largo plazo en vez de irme de fiesta como otros adolescentes, cómo me adherí por años a cada actividad que me gustaba en lugar de abandonarla tras enfrentar los primeros obstáculos.

He escrito dos bestsellers acerca del tema de la autodisciplina: *Cómo construir la autodisciplina: Resiste tentaciones y alcanza tus objetivos a largo plazo* y *Autodisciplina diaria: Hábitos cotidianos y ejercicios para construir la autodisciplina y alcanzar tus metas.*

También soy autor de un libro sobre autodisciplina para las personas que están a dieta, *Autodisciplina para la dieta: cómo perder peso y volverte saludable a pesar de los antojos y una débil fuerza de voluntad,* así como de un libro sobre autodisciplina para las personas que desean comenzar a ejercitarse más, *Cómo construir la autodisciplina para el ejercicio: técnicas y estrategias prácticas para desarrollar el hábito del ejercicio de por vida.*

Huelga decir que conozco muy bien el tema de la autodisciplina. Como un experimentado hombre de negocios, me di cuenta de que podía ayudar a otros empresarios al escribir un libro dedicado a los desafíos únicos que enfrentan diariamente.

Mi experiencia empresarial gira en torno a varios negocios en línea. Durante algunos años fui un profesional independiente, trabajando principalmente en la optimización en motores de búsqueda web (SEO). Puse en marcha numerosos sitios pequeños de nicho y los moneticé con redes publicitarias y programas de afiliados. Tuve tres negocios de comercio electrónico que ofrecían productos físicos y productos digitales. Tuve un negocio de Software como Servicio (SaaS). Tengo una empresa de autopublicación en línea, de la cual, este libro es el producto más reciente.

En las páginas siguientes, descubrirás cómo incorporar la autodisciplina a tu estructura empresarial para ayudarte a alcanzar el éxito en los negocios. A partir de mi propia experiencia empresarial y de investigaciones científicas, abordaré los desafíos que enfrentan tanto los empresarios novatos como los experimentados. No solo hablaremos de cómo desarrollar la autodisciplina, sino de cómo mantenerla también. Aprenderás cómo superar las tentaciones comunes que enfrentan los empresarios, así como a lidiar con algunos de los desafíos más comunes que frenan a muchos de ellos.

El objetivo principal del libro es ayudarte a desarrollar la autodisciplina y la determinación como propietario de una pequeña empresa. No estoy aquí para decirte cómo hacerte millonario en cinco sencillos pasos, ni cómo levantar una empresa de siete cifras con mi plan infalible. No soy un gurú de los negocios. De hecho, jamás me atrevería a acercarme a uno. Mi objetivo es ayudarte a convertirte en un empresario más autodisciplinado, no decirte cómo dirigir un negocio.

Ya que este libro puede ayudar a todo tipo de personas que trabajan por cuenta propia, utilizaré indistintamente palabras como "emprendedor", "trabajador autónomo", y "empresario" sin diferenciar entre estos términos.

Al final de cada capítulo incluiré las tres implicaciones viables más importantes. No las estoy incluyendo solo por diversión. No solo las leas, ponlas en práctica. Es la única forma en que este libro te servirá.

También concluyo cada capítulo con un breve resumen para ayudarte a revisar la información más importante. La repetición ayuda a retener y repasar la información.

Por último, pero definitivamente no menos importante, una pequeña advertencia: los consejos que estás a punto de descubrir no están grabados en piedra. No creo en las verdades absolutas y no pretendo tener todas las respuestas. Considera los consejos de este libro como ideas para poner a prueba en tu propia vida, pero no temas intentar otro enfoque. Ni el espíritu empresarial ni la autodisciplina son una ciencia exacta. Diferentes cosas pueden funcionar para diferentes personas.

Ahora, hablemos de la primera y más importante parte al desarrollar la autodisciplina como empresario (o para el caso, en cualquier otra actividad).

Capítulo 1: ¿Por qué eres un empresario emprendedor?

Si esperas desarrollar tu autodisciplina como empresario, debes tener una fuerte motivación para *convertirte* en uno y *continuar* siéndolo. El camino empresarial no es fácil. Si no existe un fuerte motivador que te empuje hacia adelante cuando haya contratiempos, siempre tendrás dificultades.

En este capítulo cubriremos tres tipos de motivación: extrínseca, intrínseca y prosocial, y cómo estas pueden ayudarte a mantener tu autodisciplina a medida que las combinas para crear un poderoso combustible para tus actividades empresariales.

Por favor, no pienses en tu motivación como una píldora mágica. Es el cimiento de todo, pero no lo es todo. La construcción de una casa comienza con los cimientos, pero no termina allí. Teniendo esto en cuenta, pasemos a los tres tipos de motivación y cómo pueden ayudarte a mantenerte disciplinado como emprendedor.

Motivación extrínseca

Es posible que hayas comenzado a soñar con ser un empresario cuando viste un automóvil exótico en la calle, un video de una mansión de lujo, o imágenes de lejanos paraísos tropicales.

Tal vez decidiste convertirte en empresario por el estatus asociado con ser el CEO de tu empresa, dirigir una startup, o codearte con los ricos y poderosos.

O tal vez tienes un negocio porque te encanta ver cifras cada vez más grandes en tu cuenta bancaria, o disfrutar de la sensación de un gran fajo de billetes en tu billetera.

Todas estas cosas son una manifestación de la *motivación extrínseca* misma, que está siendo motivada por una recompensa, generalmente en un sentido material.

Los psicólogos Richard M. Ryan y Edward L. Deci definen la motivación extrínseca como "un constructo pertinente a cualquier realización de una actividad para alcanzar un resultado independiente".[1]

En términos simples, la motivación extrínseca tiene que ver con la practicidad y el resultado final en sí mismo. Cuando quieres obtener una recompensa estás motivado de manera extrínseca. También estás motivado extrínsecamente cuando el resultado deseado consiste en evitar alguna forma de castigo. Las calificaciones escolares son una forma de motivación extrínseca que sirven, ya sea como una posible recompensa, o como un castigo.

Si bien la motivación extrínseca es el tipo de motivación más común, también es la más débil. No será suficiente para ayudarte a mantener la autodisciplina a largo plazo. Es más débil que la motivación que proviene de tu interior (que discutiremos más adelante) porque no está ligada al yo, sino a las recompensas externas. Si la recompensa se va o el peligro del castigo desaparece, la motivación desaparece también.

Para un nuevo empresario la motivación extrínseca puede consistir en escapar de la incomodidad de ser un empleado. Este tipo de motivación a menudo es más fuerte que una motivación positiva como el deseo de tener un auto caro o vivir en una casa grande, porque la necesidad de escapar de la incomodidad puede ser más fuerte que la necesidad de poseer algo.

Las metas extrínsecas que consisten en obtener una recompensa — un nuevo automóvil lujoso, una villa, vacaciones, estatus social — te motivarán, pero una vez que las obtengas (o dejes de desearlas antes de lograrlas), tendrás que encontrar nuevos motivadores. No es un buen motivador si es tan transitorio, ¿no crees?

Durante algún tiempo yo quería comprar cierto automóvil. Cuando hice una prueba de manejo en él no me gustó. Por genial que se veía, de repente ya no me interesaba comprarlo. Si esa hubiera sido mi principal motivación para trabajar en mi negocio me habría quedado sin un buen por qué.

Y aún si me hubiera gustado y lo hubiera comprado, unos meses más tarde ya no habría estado motivado porque las cosas materiales tienden a hacerse viejas rápidamente. Cuando adquirimos lo que queremos nos sentimos satisfechos. Después de haber comprado el auto, tendría que haber encontrado un juguete nuevo que deseara, y así permanecer en una rueda de hámster, comprando cosas nuevas por la emoción pasajera.

Por esta razón, no recomiendo que hagas de los motivadores extrínsecos tus principales razones para iniciar o hacer crecer tu negocio. No está mal hacer una lista de todas las cosas que te gustaría poseer, pero ten en cuenta que estos no son los motivadores más fuertes que puedes tener.

A mí me gusta usar la motivación extrínseca en forma de castigo, también conocida como *motivación "push" (de empuje)*. Conozco a un empresario que les da a sus amigos cheques por el equivalente a $1800 pesos/€85, diciéndoles que los cobren si él no termina una actividad de negocios específica que ha estado posponiendo recientemente.

Por mucho que te gusten las actividades de negocios, siempre se te presentarán cosas poco placenteras. Motivarte para evitar un castigo puede funcionar bien, siempre y cuando el castigo sea peor que realizar la tarea que necesitas hacer.

Tener una lista de todas las cosas que deseas comprar, los lugares que deseas visitar, o el estatus del que gozarás, puede ser útil, pero nunca se comparará con el poder de...

La motivación intrínseca

Tal vez iniciaste tu negocio porque sentiste que ser un empleado se contraponía con tu sentido de autonomía, o que te estaba carcomiendo por dentro.

Quizá eres un empresario o quieres convertirte en uno porque estás en busca de desafíos y crecimiento personal, y deseas tener un control total sobre tu vida.

Tal vez tengas un negocio porque quieres desarrollar tu potencial y sabes que es imposible lograrlo cuando trabajas para alguien más.

O tal vez, simplemente te encanta ser un empresario y te resulta adictivo.

Esto es *motivación intrínseca*. Es más fuerte que la motivación extrínseca porque proviene de ti y no depende de una recompensa o castigo externo.

Los psicólogos Richard M. Ryan y Edward L. Deci definen la motivación intrínseca como "la realización de una actividad por sus satisfacciones inherentes, más que por alguna consecuencia independiente. Cuando está intrínsecamente motivada, una persona actúa por la diversión o el desafío que la actividad conlleva en lugar de hacerlo por estímulos externos, presiones, o recompensas".[2]

La motivación intrínseca se relaciona con lo que sientes por dentro. Puede ser una sensación de diversión, de desafío, o la necesidad de independencia y control. Si quieres convertirte en un empresario autodisciplinado, el motivador intrínseco más fuerte que encontrarás es la independencia.

Nada sabe mejor que la capacidad de hacer lo que quieras, cuando quieras, donde quieras y con quien quieras. Ningún automóvil, mansión, ropa de diseñador, o joyas, sostendrán tu autodisciplina más que la sensación adictiva de ser dueño de tu vida.

Ahora bien, esto obviamente no es una conclusión de un estudio científico. Sin embargo, si observas a empresarios exitosos encontrarás un vínculo común entre prácticamente todos ellos. Se sienten impulsados por el deseo de tener la libertad de hacer lo que quieren, no la necesidad de presumir de un nuevo automóvil caro o una mansión llamativa.

Un buen ejemplo es el multimillonario británico Richard Branson, quien dijo: "Mi regla de oro para los negocios y la vida es: todos deberíamos disfrutar lo que hacemos y hacer lo que disfrutamos".[3]

El multimillonario canadiense-estadounidense, Elon Musk, a menudo también hace referencia a su motivación intrínseca. Él está motivado por los desafíos. En sus palabras: "Creo que la vida en esta Tierra se trata de algo más que solo resolver problemas... Debe tratarse de algo inspirador, incluso si es algo indirecto".

Él también cree en el disfrute: "Las personas trabajan mejor cuando saben cuál es el objetivo y el por qué. Es importante que las personas se sientan entusiasmadas de venir a trabajar por la mañana y disfrutar de su trabajo".[4]

La superación constante es otro tipo de motivación intrínseca que puede mantenerte activo toda la vida. Como dijo Sergey Brin, cofundador de Google, la superación no tiene límites: "Está claro que hay muchas oportunidades para mejorar; no existe un tope inherente que nos esté limitando".[5]

Una advertencia sobre la motivación extrínseca e intrínseca:

Debido al efecto de sobrejustificación los motivadores extrínsecos, como el dinero o los premios, pueden *disminuir* la motivación intrínseca que una persona tiene para realizar una tarea.[6] La actividad deja de basarse en el disfrute, el desafío personal o la autosuperación, y se convierte solamente en algo basado en las cosas tangibles que puedes obtener de ella.

Por ejemplo, en los deportes, el rendimiento de muchos atletas profesionales disminuye después de firmar un contrato multimillonario. Su "hambre" desaparece de la noche a la mañana. Por esta razón, es de vital importancia dar una mayor prioridad a la motivación intrínseca que a la motivación extrínseca y tener cuidado de no dar demasiada importancia a las recompensas externas.

Cuando comparas la motivación intrínseca, que es una fuente inagotable de inspiración, con la motivación extrínseca, que es fugaz, es claro que la motivación intrínseca te servirá mejor y por más tiempo.

Sin embargo, hay otra manera de garantizar que seguirás adelante a pesar de los contratiempos y persistirás sin importar los obstáculos. Se trata de...

La motivación prosocial

Los psicólogos podrían argumentar que los únicos dos tipos "legítimos" de motivación son la motivación extrínseca e intrínseca. Sin embargo, hay un tercer tipo de motivación que no es ni extrínseca ni intrínseca.

Si deseas hacer crecer tu negocio porque quieres mantener a tu familia, estás motivado socialmente para el beneficio de tus seres queridos.

Si diriges lo que el empresario Yanik Silver llama una "empresa evolucionada" (una compañía que vincula su existencia al apoyo de un objetivo caritativo específico),[7] puedes sentirte motivado por la necesidad de ayudar a los necesitados, al medio ambiente, o de cambiar el mundo para mejor de algún otro modo.

Adam Grant, profesor y exitoso autor de *Dar y recibir: un enfoque revolucionario para conseguir el éxito* sugiere en un artículo sobre motivación intrínseca y comportamientos prosociales que el deseo de ayudar a los demás nos incita a hacer el máximo esfuerzo.[8]

Es un motivador más eficaz que solo la motivación intrínseca, pero para obtener los mejores resultados debes combinar ambos. En palabras del autor, "los empleados muestran niveles más altos de persistencia, rendimiento y productividad cuando experimentan motivaciones prosociales e intrínsecas en conjunto".

Al iniciar tu negocio o hacerlo crecer, busca una razón prosocial para hacerlo. Puede ser para beneficiar a una causa o a un grupo de personas en concreto.

Considera vincular el desempeño de tu empresa con las causas que te gustaría apoyar. Por ejemplo, la tienda en línea californiana Sevenly dona el 7% de sus ingresos a causas benéficas. En cinco años recaudó más de $4 millones de dólares para apoyar ciertas causas y hacer difusión acerca de las mismas.[9]

Llegado un momento, agregar más cifras a tu cuenta bancaria no aumentará tu felicidad. En consecuencia, ya no será tan motivador como antes. Una persona que pasa de ganar el equivalente a $20,000 dólares al año, a $60,000 dólares, seguramente se sentirá mucho más feliz. Pero una persona que gana unos $5 millones de dólares al año no se sentirá diferente cuando empiece a ganar seis, siete u ocho millones.

Según los investigadores de Princeton, Angus Deaton y Daniel Kahneman, el umbral es un ingreso anual de alrededor de $75,000 dólares. Después de superar este número, ganar más dinero puede mejorar tu percepción de tu vida, pero no hará mucho por mejorar tu bienestar emocional.[10] Obviamente esta cifra se aplica a los Estados Unidos y puede ser más baja o más alta según el lugar donde vivas; es aproximadamente el 150% del salario medio nacional.

Después de superar los $75,000 al año, el dinero puede dejar de ser un motivador poderoso. Sin embargo, esto no se aplica a la motivación prosocial. Siempre puedes dedicar más recursos para apoyar a tus caridades favoritas. Siempre tiene un impacto directo y nunca se vuelve algo viejo e inútil como cuando simplemente gastas más dinero en juguetes nuevos.

Si no crees en la caridad no tienes que apoyar a ninguna organización. No tiene que tratarse de dinero. Tu motivación prosocial podría estar dedicada únicamente a una sola persona que se convierte en tu "por quién" en lugar de tu "por qué", es decir, la persona que se beneficiará de tu éxito. En la mayoría de los casos serán tus seres queridos: tus hijos, tu cónyuge, tus hermanos, o tus padres.

Por ejemplo, mi motivación prosocial más fuerte para tener éxito en los negocios fue ganar suficiente dinero para ayudar a mis padres a realizar el sueño de su vida de mudarse al campo.

Mis motivaciones extrínsecas nunca fueron ni el diez por ciento de lo motivante que fue este objetivo.

Incluso mis poderosos motivadores intrínsecos seguían ocupando el segundo lugar después del deseo de ayudar a mis padres, quienes pasaron muchos años haciéndose cargo de mí y asegurándose que obtendría todo lo necesario para ser exitoso en la vida.

Para un padre, un motivador prosocial primario puede ser la necesidad de pasar todo el tiempo que quiera con sus hijos. Un negocio exitoso puede proporcionar ingresos, pero también puede proporcionar algo más valioso: abundante tiempo libre.

Independientemente de a quién o qué quieras apoyar, no puedo enfatizar más el poder de la motivación prosocial. Piensa más allá de ti mismo.

Tres implicaciones viables clave

Ahora que conoces tres tipos de motivación, probablemente te preguntes cómo aplicarlas en tu vida. Las tres implicaciones viables más importantes son:

1. Cambia el "Lamborghini" por "Libertad"

Muchos gurús de autoayuda afirman que el motivador más poderoso que puedes tener es crear un gráfico de tu visión y mirarlo todos los días para recordar por qué persigues tus objetivos. No diré que esta estrategia no es efectiva; sí lo es, aunque no es ni la mitad de poderosa que las razones menos tangibles para el éxito empresarial, como la libertad y la independencia que te proporcionará.

Un automóvil solo puede ofrecerte felicidad pasajera. La libertad, una vez alcanzada, te brindará disfrute e inspiración permanentes. A diferencia de un auto nuevo nunca se hace vieja y, en todo caso, solo mejora con el tiempo.

De todos modos, motívate con recompensas si lo deseas, pero haz que sean adicionales a tus principales motivadores intrínsecos y prosociales. Encuentra estos motivadores ahora mismo.

2. Usa la motivación "push" (de empuje) para lidiar con la postergación

La motivación de empuje se basa en factores externos que te obligan a completar una tarea específica para evitar una cierta consecuencia. No sirve muy bien para mantener tu motivación a largo plazo (solo pregúntale a cualquier estudiante en cualquier parte del mundo), pero crear una motivación para superar la reticencia a comenzar a trabajar en una tarea que has postergado por mucho tiempo puede ser útil.

Establecer riesgos financieros funciona particularmente bien, ya que son fáciles de fijar y dolorosos si no cumples tus objetivos. Otro tipo de motivación de empuje puede ser un grupo de responsabilidad, o un coach que te pedirá un reporte semanal y te reprenderá si no logras hacer lo que has prometido.

Encuentra una forma de hacerte rendir cuentas o establecer riesgos para forzarte a realizar tareas difíciles que siempre pospones.

3. Ve más allá de ti mismo

Haz que tus metas no solo sean acerca de ti mismo. Incluye a otros, ya sean tus seres queridos, desconocidos necesitados, animales, el medio ambiente, la ciencia, o el arte. Cualquiera que sea la causa en la que crees, una motivación prosocial fortalecerá tu resolución.

Piénsalo de esta manera: cualquiera saltaría a un peligroso río para salvar a su hijo que se está ahogando, pero pocas personas saltarían al mismo río caudaloso para recuperar un billete de $100 dólares.

No existe ni existirá un motivador más poderoso que extender tu meta más allá de ti mismo. Cuando combinas esto con un fuerte conjunto de motivadores intrínsecos y lo respaldas de vez en cuando con castigos extrínsecos tendrás una base sólida sobre la cual podrás construir la autodisciplina a largo plazo.

Si ya tienes una lista de motivadores, pregúntate cómo puedes extenderlos a otros. Mantenlos en mente siempre que te sientas desanimado o tentado a darte por vencido.

POR QUÉ ERES UN EMPRESARIO EMPRENDEDOR: BREVE RESUMEN

1. Para fortalecer tu resolución de ser exitoso el primer paso es descubrir tus motivaciones. Si tienes una o más poderosas razones por las que deseas que tu negocio tenga éxito, será menos probable que te des por vencido o que disminuyas la velocidad cuando enfrentes obstáculos.

2. La motivación extrínseca tiene que ver con cosas externas: autos, casas, el tamaño de tu cuenta bancaria, estatus, envidia, y otros tipos similares de recompensas. También se trata de evitar un castigo. Este tipo de motivación es útil, pero no es tan poderosa como la motivación intrínseca y la prosocial.

3. La motivación intrínseca viene desde adentro. Se trata de la diversión de hacer algo, el desafío que representa, el crecimiento, la independencia, la libertad o el control de tu vida.

Si utilizas la independencia como tu guía — en lugar de, por ejemplo, comprar un automóvil costoso que se volverá aburrido unos meses después — se convertirá en una fuente de inspiración permanente y renovable para que sigas trabajando y creciendo como empresario.

4. La motivación prosocial es el motivador más fuerte. Si estás construyendo un negocio, no solo para beneficiarte a ti mismo sino también a otros, serás más persistente, productivo y eficaz. Combinar una razón socialmente motivada con tu motivación intrínseca dará como resultado una base sólida para la autodisciplina.

Capítulo 2: Creando un estilo de vida centrado en la autodisciplina

Mantener la autodisciplina como empresario puede ser más fácil si estructuras tu vida de una manera que la favorezca. En este capítulo hablaremos sobre las diferentes maneras en que puedes modificar tus ideas y comportamientos predeterminados para triunfar como empresario, incluso cuando te encuentres en circunstancias menos que ideales.

Muchos de estos cambios son simples, pero no necesariamente fáciles. Sin embargo, bien valdrá la pena hacer un esfuerzo por los beneficios que recibirás: volverte más autodisciplinado, más persistente, y vivir una vida más feliz.

Encuentra las influencias correctas

Si no tienes muchos amigos empresarios puedes llegar a sentirte solo o incomprendido. Un apoyo inadecuado, o la falta de éste, hacen que sea más difícil mantener la autodisciplina y ser persistente. Por esta razón, es crucial prestar atención a tu entorno social.

Las personas más cercanas a ti, como tus amigos y familiares, tienen el mayor impacto en tu vida. El empresario y orador motivacional Jim Rohn dijo una vez: "Eres el promedio de las cinco personas con las que pasas la mayor parte del tiempo".

No hay investigaciones científicas que demuestren que son exactamente cinco personas, sin embargo, hay investigaciones que sugieren que efectivamente podemos adoptar nuevos comportamientos únicamente a través de la observación. Se llama *teoría del aprendizaje social*, y postula que aprendemos de nuestro entorno inmediato.

El creador de la teoría, Albert Bandura, propone que las personas pueden aprender al observar el comportamiento de otra persona de tres maneras:[11]

- Modelo real: en el que vemos directamente a otra persona demostrar un cierto comportamiento,

- Instrucción verbal: en la cual otra persona nos enseña cómo involucrarnos en un cierto comportamiento,

- Simbólico: en el cual modelamos comportamientos de personajes reales o ficticios de películas, televisión, internet, literatura y radio.

Lo importante a tener en cuenta es que podemos adquirir comportamientos indeseables de forma inconsciente. Por ejemplo, investigaciones muestran que los niños y adultos jóvenes que juegan videojuegos violentos exhiben un comportamiento más agresivo.[12] Ver programas de televisión violentos también se correlaciona con el comportamiento agresivo.[13] Sin embargo, cuando confrontas a las personas con esto, pocas (si es que hay alguna) estarían de acuerdo en que han aprendido inconscientemente a ser más agresivas.

Ahora, ¿qué tiene todo esto en común contigo, un empresario que quiere ser más autodisciplinado?

Muestra que tu entorno inmediato — incluidos tus amigos, tu familia y el contenido multimedia que consumes a diario — puede afectar a tu disciplina, y esto puede suceder sin tu participación consciente.

Por lo tanto, asegúrate de obtener información que promueva conductas y hábitos exitosos en lugar de destructivos. Si frecuentas a personas perezosas cuyo principal objetivo en la vida es emborracharse los fines de semana no esperes lograr mucho éxito en los negocios. Por otro lado, si pasas mucho tiempo con empresarios exitosos lo más probable es que pronto te conviertas en uno.

Además de eso, el psicólogo social Roy F. Baumeister sugiere que las emociones positivas tienen el potencial para reponer la fuerza de voluntad.[14] Es poco probable que los amigos poco ambiciosos y quejumbrosos despierten muchas emociones positivas en ti, mientras que las personas orientadas al crecimiento definitivamente sí lo hacen. En general, tienes mucho que ganar al prestar atención a tu entorno social, ¿no crees?

Los tres pasos más importantes para convertir tu entorno social en uno más empoderante son:

1. Depura a tus amistades

Divide a tus amigos en dos grupos: las personas que te ayudan a crecer y las personas que te arrastran hacia abajo. Luego, reduce el tiempo que pasas con el segundo grupo o evítalo por completo.

De acuerdo, admito que suena un poco cruel, pero escucha esta pequeña historia.

Tengo un amigo de la infancia que proviene de una familia bien educada de clase media. Él solía ser un buen chico que no se metía en problemas. Cuando me fui a vivir a otro país por unos meses perdimos contacto. Durante este tiempo hizo nuevos amigos: personas poco ambiciosas y perezosas a las que a nadie le gustaría que sus hijos frecuentaran.

Pronto comenzó a fumar, a beber más que antes y a tomar parte en otros comportamientos irresponsables. Me costó mucho aceptar a su nuevo "yo". No pude ayudarlo a cambiar debido al enorme impacto que sus otros amigos tuvieron sobre él.

Fue solo cuando cortó los lazos con esos amigos destructivos que dejó de involucrarse en conductas negativas. Fue solo entonces cuando pudimos reanudar nuestra amistad en cierta medida, y él pudo comenzar a reconstruir su vida. Estoy seguro de que, si no hubiera sido por su decisión de dejar de frecuentar a estas personas, él todavía estaría allí, sentado en una banca fumando sustancias ilegales, si no es que traficando drogas.

¿Todavía suena cruel depurar a tus amigos? Obviamente la mayoría no nos relacionamos con traficantes de drogas o adictos perezosos. Sin embargo, recuerda que todo tipo de comportamientos en nuestro entorno inmediato pueden afectarnos. Si tus amigos más cercanos no piensan en el futuro, buscan siempre la comodidad y la seguridad inmediata, y nunca persiguen sus objetivos (si es que los tienen), ¿qué aprenderás de ellos?

Tu círculo social no tiene que consistir únicamente de empresarios. No se trata tanto de la iniciativa empresarial sino de las personas que te hacen ser mejor. Tengo un amigo que es un empleado modelo, mientras que en cambio yo soy un empresario no apto para tener un empleo. Sin embargo, él quiere crecer como persona, y eso es algo positivo que uno debería tener en su vida.

Asegúrate de que tu círculo social contribuya a tu crecimiento y que elimines con regularidad a las malas hierbas. No tiene sentido pasar tiempo con personas que no quieren que seas mejor.

Sin embargo, ten en cuenta que no estoy justificando ser un amigo por conveniencia ni calcular a sangre fría quién debería estar en tu vida. No se trata de abandonar a amigos que tienen problemas solo porque sus problemas podrían afectarte ni de evitar a las personas que tienen menos éxito que tú. Se trata de depurar a las personas que te roban la energía, que envidian tu éxito y que sabotean tus esfuerzos por superarte.

2. Evita los medios de comunicación masivos

Con el fin de mantener mi cordura y mi actitud positiva ante el mundo llevo años siguiendo una dieta baja en información. La premisa general es evitar todo tipo de noticias improductivas, particularmente las malas noticias de los principales medios de comunicación.[15] No recuerdo la última vez que visité un sitio de noticias o compré un periódico para leer lo que sucedía en el mundo. Y me siento genial al respecto.

Los medios se nutren de la negatividad, el miedo, la violencia y el odio. ¿No me crees? Abre cualquier periódico o visita un sitio de noticias y cuenta los titulares positivos y los negativos. No encontrarás más que un puñado de noticias positivas entre un mar de ataques terroristas, accidentes, desastres naturales, disputas políticas, crisis financieras y cualquier otra variante de negatividad que exista.

El consumo de malas noticias a diario no solo es una pérdida de tiempo, sino que también representa una amenaza para tu bienestar general. La investigación muestra que ver noticias negativas te hace preocuparte más, y esto a su vez exacerba tus propias preocupaciones y ansiedades personales.[16]

¿Cómo esperas ser persistente y autodisciplinado con una actitud tan negativa?

Además, los medios aumentan drásticamente la percepción de riesgo de una persona común. Cuando lees sobre eventos trágicos todos los días es fácil desarrollar la creencia de que el mundo es un lugar peligroso, lo que puede hacerte reacio al riesgo. Dado que la incertidumbre y asumir riesgos son obligatorios para todo empresario, consumir malas noticias afecta directamente los resultados que obtienes como empresario.

Deja de consumir este tipo de información, mantente alejado de las noticias, los chismes y los mensajes alarmistas. Si algo importante sucede en el mundo escucharás a tus amigos o familiares hablar de ello. En cuanto al resto, ¿para qué llenar tu vida con tanta negatividad?

3. Alimenta tu mente con positividad

Gracias al internet es igual de fácil encontrar contenido positivo que negativo. La mayoría de las personas se adhieren al último, pero ahora ya sabes que la opción más inteligente es ignorarlo y enfocarte en el primero.

En lugar de gastar tu tiempo en sitios de noticias o chismes, encuentra sitios que promuevan la positividad, la felicidad y el crecimiento personal. Únete a foros para personas que quieren mejorarse a sí mismas o a sus negocios. Lee blogs de autoayuda. Mira videos motivacionales.

El punto no necesariamente es entusiasmarte. El objetivo es alimentar tu mente con aportes positivos diariamente para fomentar el desarrollo de creencias y hábitos productivos.

Rodéate de positivismo en tu mundo fuera de línea también. Pasa más tiempo con personas felices que te hagan sonreír. Visita los lugares que la gente positiva frecuenta. Lee libros motivacionales que promuevan la esperanza, la inspiración y el optimismo.

No tienes que ver todo color de rosa ni negar que suceden cosas malas. La idea es limpiarte de toda la información negativa y reemplazarla por cosas más conducentes al crecimiento.

Mientras más modelos positivos tengas (personas, libros, sitios web, películas, música), más positivo te volverás. Esto se traducirá en más persistencia, autodisciplina y fuerza de voluntad, sin importar las circunstancias en tu vida.

Evita estos cinco comportamientos negativos a toda costa

Los comportamientos negativos repetidos regularmente pueden hacer que te acostumbres a actuar de una manera que no es propicia para tu éxito empresarial. Estas son cinco acciones destructivas que debes eliminar inmediatamente de tu vida:

1. Quejarte

Quejarse es el epítome de perder el tiempo. En lugar de trabajar en la solución a un problema solo señalas por qué algo está mal, es injusto, o de alguna manera te perjudica.

¿Sabías que las quejas pueden causar un gran daño a tu mente y cuerpo? En una entrevista con *Stanford News*, el neurocientífico Robert Sapolsky señala que experimentar diariamente factores estresantes que no ponen en peligro la vida desencadena la liberación innecesaria de adrenalina y otras hormonas del estrés, que, con el tiempo, contribuyen a muchas de las principales causas de muerte en el mundo occidental.

En sus palabras: "Si te vas a estresar como un mamífero normal, más vale que actives la respuesta al estrés o, de lo contrario, estás muerto. Pero si te vuelves crónicamente estresado psicosocialmente, como un ser humano occidentalizado, entonces estás en mayor riesgo de padecer enfermedades cardíacas y algunas de las otras causas principales de muerte en la vida occidentalizada".[17]

La investigación de Sapolsky sugiere que las hormonas del estrés causan una atrofia del hipocampo, la parte del cerebro asociada principalmente con la memoria a largo plazo. ¿Cómo te sentirías al quejarte mientras imaginas que literalmente estás encogiendo una parte de tu cerebro?

El orador motivacional Les Brown una vez publicó estas palabras en su página de Facebook:

"Rehúsate a quejarte. Quejarte es solo una forma de no asumir responsabilidades, justificar no hacer nada y programarte para fracasar. Quejarte crea la ilusión de que has hecho algo. En cambio, vierte tu energía en mejorar tu situación. Cuando encuentres maneras de ser productivo y mantener una sensación de optimismo demostrarás que tienes el control de tu propia vida.

"Los quejumbrosos se enfocan en lo que sucedió y renuncian a su poder. Los ganadores se centran en hacer que las cosas sucedan y usan su poder para encontrar soluciones a sus desafíos. ¡Naciste para crear algo magnífico con tu vida! El pensamiento basado en soluciones te da ese poder".[18]

Como empresario, tu trabajo es resolver problemas. Quejarte no resuelve absolutamente nada. Reemplaza la negatividad con una lista de posibles soluciones y ponlas en práctica. Desarrolla el hábito de tomar la iniciativa en lugar de hacerte la víctima.

Hablando de eso, el segundo hábito negativo es...

2. Resignación

La vida empresarial es un constante sube y baja para cualquier nuevo emprendedor. Es común sentirte resignado cuando estás experimentando un largo descenso después de haber ascendido anteriormente.

Sin embargo, cuanto más le das vueltas a tus fracasos y contratiempos, más profundamente te sumergirás en un estado mental depresivo que puede causar que te des por vencido en lugar de trabajar en tus objetivos.

He experimentado más de un fracaso como empresario. He tenido deudas. Mis negocios han fracasado de la noche a la mañana. He invertido miles de dólares e innumerables horas en proyectos que fueron un completo desastre.

Cada vez que sufría un golpe me sentía reacio a volver a intentarlo. Sin embargo, al no permitirme pasar más de uno o dos días en tal estupor, siempre he logrado levantarme, sacudirme el polvo y volver a intentarlo. Lo que me ha ayudado sin excepción es entregarme a la esperanza y la inspiración, y alejarme del pesimismo conformista de resignarme a mi suerte.

Por supuesto que puedes permitirte sentirte mal por un tiempo si lo necesitas, pero después, por más difícil que sea, comienza a idear otro plan. Haz un bosquejo aproximado de los pasos que darás cuando estés listo para la próxima jornada.

3. Celos

Cuando tienes envidia del éxito de los demás es fácil pensar "claro, todo es fácil para él", o inventar otras formas de desacreditar el éxito de alguien, o encontrar excusas que no sean la simple persistencia y la dedicación.

Si consideras a las personas exitosas como personas que "tuvieron suerte", ¿qué tipo de mensaje le das a tu subconsciente? ¿Qué tan persistente serás si en el fondo crees que el éxito empresarial se basa en la suerte, en los privilegios, o en ser inmoral?

Tu subconsciente trabajará en tu contra si en el fondo estás celoso y desprecias a las personas exitosas.

Reemplaza la envidia por aprecio. Cada vez que escuches acerca de una persona exitosa vela como una prueba de que tú también puedes lograr el éxito. Mejor aún, comienza a frecuentar a personas exitosas y aprende de ellas.

4. Mentalidad de escasez

La mentalidad de escasez es pensar que el éxito es un juego de suma cero. Si hay un pastel en la mesa y tomas una rebanada grande habrá menos pastel para todos los demás.

Esto puede aplicarse a los pasteles, pero no se aplica al éxito.

Compartir tu conocimiento con otros no te vuelve menos inteligente. Amar a uno de tus hijos no significa que tienes menos amor que darle a los demás. Y si te conviertes en un empresario exitoso eso no significa que alguien más haya tenido que quedar en bancarrota.

La mentalidad de abundancia es lo opuesto a la mentalidad de escasez. Se trata de la creencia de que siempre hay más para todos, que siempre puedes crear más, y que puedes lograr más con la ayuda de los demás en lugar de competir con ellos por recursos supuestamente escasos.

El profesor titular más joven de Wharton, Adam Grant, escribe en su bestseller *Dar y recibir: Por qué ayudar a los demás conduce al éxito*, "Esto es lo que más me gusta de los donantes exitosos: llegan a la cima sin limitar a los demás, encuentran formas de expandir el pastel que los beneficia a ellos y a las personas que los rodean. Mientras que el éxito es de suma cero en el grupo de receptores, en grupos de donantes puede ser cierto que el total es mayor que la suma de las partes".[19]

También puedes disfrutar de este efecto sinérgico si te concentras en dar y compartir recursos en lugar de acapararlos todos para ti.

En su bestseller *Éxito extremo: 49 Secretos para ¡HACERLO A LO GRANDE! y vivir una vida extraordinaria,* el exitoso inversionista inmobiliario Frank McKinney escribe, "Cuando das más de lo que esperas recibir, este acto proviene de la fortaleza que hay dentro de ti. Dejas de ser un contador, siempre tratando de llevar las cuentas, y en su lugar te conviertes en un filántropo que sabe que hay suficiente para ser generoso. Y en última instancia, con esta actitud recibes tanto como lo que das".[20]

Por contradictorio que suene, para recibir más hay que dar más. Pasa de ser un receptor a un dador y lograrás más.[21]

5. Rendirte pronto y con frecuencia

Tú refuerzas lo que repites regularmente. Si tienes el hábito de rendirte pronto te será difícil perseverar.

Si pierdes rápidamente el entusiasmo al aprender una nueva habilidad, ¿por qué sería diferente al iniciar un negocio o probar nuevas ideas de negocios?

Si de inmediato te rindes en el momento en que enfrentas un obstáculo — por ejemplo, cuando no sabes cómo hacer algo — te estás adoctrinando a ser incapaz.

De acuerdo con una tesis de Diana Lynn Bartolotta de la Universidad Carnegie Mellon, los optimistas trabajan más tiempo en tareas que perciben como importantes.[22] Lo interesante es que los pesimistas persisten por más tiempo cuando se enfrentan a tareas sin importancia, mientras que los optimistas tienden a rendirse más rápidamente cuando perciben que una tarea es trivial.

Bartolotta concluye el trabajo de investigación diciendo, "un pesimista es más propenso a perder su tiempo y energía en tareas triviales, mientras que un optimista conserva su tiempo y energía para las tareas más importantes. En consecuencia, a los optimistas les irá mejor en las tareas más importantes".

Desarrolla una actitud más persistente al cultivar la creencia de que puedes superar los obstáculos y ponerla en práctica siempre que te encuentres en una situación difícil.

Participa en actividades que requieren paciencia, aprende habilidades complejas, o colócate en situaciones que requieren habilidades para resolver problemas. Cuanto más a menudo enfrentes los problemas por más tiempo y perseveres, más fácil será continuar con tus otros objetivos también.

Tres implicaciones viables clave

Para ayudarte a implementar los consejos de este capítulo, aquí están las tres implicaciones viables clave:

1. Reestructura tu entorno

Analiza quién y qué contribuye positivamente a tu entorno, y quién o qué hace que te sea más difícil mantener la autodisciplina o el optimismo.

Te sugiero calificar los factores más importantes usando una escala del 1 al 10 (1 es el menos negativo y 10 tiene el impacto más nocivo) y luego elimina las influencias negativas, una por una, empezando por las que tienen la puntuación más alta.

Puede tratarse de una persona en particular; un hábito que siempre empeora tus días, como quejarte; o tal vez una parte de tu rutina diaria, como levantarte demasiado tarde y luego no tener el tiempo y la energía para trabajar en tus objetivos después de ocuparte de otras obligaciones apremiantes.

2. Vuélvete proactivo

Quejarte y rendirte son dos comportamientos destructivos comunes que conducen a la autovictimización.

Si esperas a las cosas que sucedan, en lugar de hacerlas tú mismo, es muy poco probable que alguna vez te conviertas en un empresario exitoso.

Acostúmbrate a resistir la tentación de encogerte de hombros y resignarte. En su lugar, toma medidas para resolver el problema y aprécialo como un desafío para fortalecer tu resolución.

Como dijo Arnold Schwarzenegger en una entrevista para el *Boston Globe*, "La fortaleza no proviene de ganar. Tus luchas desarrollan tus puntos fuertes. Cuando atraviesas dificultades y decides no rendirte, esa es la fortaleza".[23]

La proactividad también consiste en prepararte para posibles problemas futuros. Si tuvieras que ponerte a dieta, ¿no sería mejor deshacerte de todos los alimentos no saludables en tu hogar en lugar de tener que hacer uso de tu fuerza de voluntad cada vez que entras a la cocina?

Aun si fueras el empresario más disciplinado del mundo, ¿no preferirías evitar las tentaciones siendo proactivo en lugar de esperar a que las cosas sucedan?

3. Da más

Uno de los peores comportamientos negativos que puedes tener es pensar que los recursos son escasos y que debes conservarlos todos para ti. Cuando temes compartir tu conocimiento, tu tiempo y tu dinero con los demás construyes una jaula que puede servirte para convertirte en un avaro, pero no te servirá para lograr el éxito a largo plazo.

A partir de hoy esfuérzate por dar más. Si eres escritor, comparte algunas de tus obras de forma gratuita. Si vendes productos físicos, ofrece un regalo.

Comparte tu experiencia con los demás sin compromiso alguno.

Cuando compartas con los demás lo que posees de forma continua y generosa eliminarás la mentalidad de escasez de tu vida y siempre querrás lograr que el pastel alcance para todos.

CREANDO UN ESTILO DE VIDA CENTRADO EN LA AUTODISCIPLINA: BREVE RESUMEN

1. Las personas que te rodean pueden influenciarte de manera positiva o negativa. Puedes adoptar inconscientemente las conductas y creencias negativas de las personas que te rodean. Por esta razón es importante que te fijes bien a quién dejas entrar en tu círculo social, ya que algunas personas pueden arrastrarte hacia abajo y sabotear tus esfuerzos por superarte.

2. Si deseas convertir tu entorno en uno más empoderante depura a tus amigos, evita los medios de comunicación masiva, y alimenta tu mente con positividad.

Depurar a tus amigos consiste en elegir conscientemente a quién frecuentar. Recuerda que otras personas pueden promover conductas que no son propicias para tu éxito personal o simplemente roban tu energía por el gusto de hacerlo.

Es importante evitar los principales medios de comunicación, porque presentan noticias casi exclusivamente negativas diseñadas para hacerte sentir temeroso, amenazado e incómodo. También hacen que aumente tu percepción del riesgo. Un constante flujo de pensamientos negativos no es beneficioso para tu éxito, y para el caso, no es beneficioso para nada. Deshazte de esa tortura autoimpuesta.

Alimentar tu mente con positividad consiste en consumir contenidos motivadores e inspiradores y relacionarte con personas que comparten tu positivismo. Puede tratarse de videos inspiradores. Personas felices. Foros con usuarios que quieren mejorarse a sí mismos. Tú eliges qué poner en tu mente, ¿por qué no asegurarte de que sea una aportación benéfica que te hará una persona más feliz y exitosa?

3. Cinco comportamientos que pueden debilitar drásticamente tu resolución como empresario son: quejarte, la resignación, los celos, la mentalidad de escasez, y rendirte pronto y con frecuencia.

Quejarte desarrolla el hábito de refunfuñar sobre los problemas en lugar de buscar soluciones. También conduce a la autovictimización, la cual acaba con la persistencia.

La resignación te deja incapacitado para entrar en acción. Cuanto más tiempo te sientas fatalista, más difícil será levantarte y volver a intentarlo. Permítete sentirte mal por un tiempo si lo necesitas, pero no esperes demasiado para crear un nuevo plan.

Atribuir el éxito de otras personas a cosas que no puedes controlar, como los privilegios o la buena suerte, es como decirte a ti mismo que la persistencia no funciona. No esperes alcanzar el éxito si criticas a las personas exitosas en lugar de apreciar el ejemplo que establecen para los demás.

La mentalidad de escasez es pensar que todo en este mundo es escaso y, por lo tanto, debes acumular todo para ti. Tal mentalidad saboteará tus objetivos porque vivirás con el temor constante de perder tus preciados recursos limitados y te alejará de los demás pues tendrás miedo de compartir tus conocimientos y colaborar.

Rendirte pronto — en todo tipo de contextos, no solo en los negocios — desarrolla un hábito destructivo que garantiza que nunca obtendrás grandes ganancias. Todo lo que vale la pena toma tiempo, por lo que es fundamental que te acostumbres a seguir adelante por más tiempo que los demás.

Capítulo 3: Cómo mantener el equilibrio y no perder la cordura

Ser empresario no solo es una elección de carrera. Para la mayoría de las personas ser un empresario es un estilo de vida, una actitud y un estado mental, todo a la vez.

Cuando trabajas para alguien más no tienes que preocuparte por el negocio las 24 horas, los 7 días de la semana. Te pagan por tu contribución a la compañía y nada más, por lo que es más fácil establecer los límites entre tu vida personal y profesional.

Cuando eres dueño de un negocio no puedes apagar tu mente y olvidarte de él. Es como tu bebé. Piensas en él todos los días, incluso cuando estás de vacaciones. Esto puede tanto servirte como perjudicarte.

En este capítulo exploraremos cómo mantener el equilibrio y la cordura mientras trabajas en tu negocio.

Tu cuerpo es tu CEO

A los empresarios les gusta considerarse héroes que pueden trabajar sin descanso las 24 horas, los 7 días de la semana. Muchos están tentados a creer que sus cuerpos son máquinas infalibles que pueden funcionar exclusivamente con café y bocadillos. También se engañan a sí mismos pensando que pueden hacer a un lado su vida personal y encargarse de ella más tarde una vez que logren el éxito empresarial.

Odio decírtelo, pero vivir de esa forma inevitablemente destruirá tu salud, tus relaciones y tu bienestar general.

Cuando se trata de salud, tu cuerpo es tu CEO y *te despedirá* si sigues faltándole al respeto. Cuidar tu salud significa tener una dieta saludable, hacer ejercicio, dormir lo suficiente y evitar hábitos no saludables. Es primordial para tu éxito como empresario.

Una dieta saludable es necesaria para obtener todos los nutrientes que tu cuerpo necesita. La comida no procesada es la mejor opción aquí, tanto para la salud como para la saciedad. Si le das a tu cuerpo alimentos de baja calidad, tendrás un rendimiento de baja calidad.

En cuanto al ejercicio, en su libro *Autocontrol: cómo funciona la voluntad, por qué es tan importante y qué podemos hacer para mejorarla,* la psicóloga y exitosa autora Kelly McGonigal afirma: "el ejercicio resulta ser lo más parecido a una droga maravillosa que los científicos que estudian el autocontrol han descubierto. Para empezar, los beneficios que el ejercicio tiene sobre la fuerza de voluntad son inmediatos. Quince minutos en una caminadora reducen los antojos, como lo constataron investigadores que intentaron tentar a personas a dieta con chocolates, y a fumadores con cigarrillos".[24]

En cuanto al sueño, la investigación de Roy F. Baumeister sugiere que el descanso puede reponer tu fuerza de voluntad.[25] Si este hecho por sí solo no te persuade, considera que la falta de sueño produce alteraciones cognitivas y motoras equivalentes a un nivel de alcohol en la sangre, intoxicante desde el punto de vista legal.[26] No creo que sea necesario hablarte de otros beneficios de dormir lo suficiente, ¿verdad?

Puedes aprender mucho más sobre cómo llevar un estilo de vida saludable en mis libros *Autodisciplina para la dieta* y *Cómo construir la autodisciplina para el ejercicio*.

Lo que es importante destacar en relación con la autodisciplina es que, si descuidas tu salud tarde o temprano tendrás que pagar el precio. Cuanto más tiempo omitas el cuidado adecuado de tu salud menos eficaz serás. Esto se traducirá en una disminución de tu autodisciplina.

Nunca debes poner tu salud en un segundo plano. Siempre puedes reanudar tus actividades empresariales, pero no siempre puedes recuperar tu salud.

Cuatro razones y soluciones para el desequilibrio entre el trabajo y la vida

El verdadero éxito empresarial no solo consiste en tus ganancias, tus ventas, tus ingresos y tus valoraciones, sino también se trata de encontrar el equilibrio adecuado para disfrutar *tanto* de tu negocio como de tu vida personal. De lo contrario ¿qué sentido tiene? El éxito empresarial no significa nada si has fracasado en tus relaciones.

En su artículo para *Forbes* acerca del equilibrio entre trabajo y vida, el empresario Michael Simmons comparte cuatro razones por las cuales, según el coach del empresario David Kashen, el equilibrio entre trabajo y vida es tan difícil para los empresarios.[27] Vamos a deconstruir y solucionar cada uno de estos desafíos uno por uno:

1. Entremezclar la identidad personal y el bienestar empresarial

Cuando tratas a tu negocio como a tu bebé es fácil que la línea entre la vida personal y la de negocios se confunda. El apego emocional a tu negocio puede entonces llegar a determinar tu bienestar. Si el negocio es bueno, te sientes bien. Si el negocio va mal, tú estás mal.

Como cualquier ser humano de pensamiento lógico no quieres sentirte mal. En consecuencia, pasas más y más tiempo trabajando para supervisar constantemente tu negocio y atender sus necesidades. Pronto ya no existe ningún equilibrio en tu vida porque todo gira en torno a tu negocio.

¿Cómo resuelves este problema?

Si la razón principal es que asocias tu autoestima con el desempeño de tu negocio, la solución es encontrar más roles que te definan como persona y que te permitan obtener una mayor autoestima a través de ellos. Cuando no solo eres un empresario sino también un padre, un cónyuge, un jugador de tenis, o un participante activo en tu comunidad local, tu autoestima es menos propensa a resquebrajarse cuando enfrentas problemas en un área de tu vida.

Aunque suene contradictorio, puedes convertirte en un mejor empresario si no estás pensando en los negocios todo el tiempo. Tener otros roles en tu vida puede ayudarte a poner las cosas en una perspectiva más amplia.

Por último, considera el delegar responsabilidades como una forma adicional de romper el vínculo entre tu autoestima y tu negocio. Cederles algunas responsabilidades a otras personas puede ayudarte a dejar de pensar en tu negocio como algo que solo *tú* puedes cuidar y hacer crecer.

2. Miedo al fracaso

Para muchos empresarios su compañía es todo lo que tienen. Han puesto todos sus recursos en ella: sus ahorros de toda la vida, su tiempo, su energía y su reputación. Como resultado, muchos de ellos tienen dificultades para equilibrar su vida personal y profesional.

¿Cómo puedes evitar este error común?

El primer paso es cambiar tu relación con el fracaso. El miedo es una emoción útil cuando enfrentas a un depredador en el bosque, pero no es un estado mental productivo para un empresario.

El miedo al fracaso suele ser más fuerte cuando la persona no ha experimentado muchos fracasos en la vida. ¿Por qué no someterte a una "terapia de fracaso" probando intencionalmente cosas difíciles que tienen una alta probabilidad de fracaso? Tememos a las cosas que son desconocidas. Si experimentas algo a diario — como el fracaso en este caso — deja de ser aterrador.

Yo he fracasado innumerables veces como empresario. Por terribles que fueron estos fracasos, también me enseñaron a sentirme cómodo con ellos.

Enfrenta tu miedo e invita al fracaso a tu vida. No necesariamente tienes que fallar intencionalmente en tu negocio. Acostumbrarte a los obstáculos, reveses y contratiempos invita a los desafíos a tu vida personal, como aprender una nueva y difícil habilidad.

El segundo paso para lidiar con el miedo al fracaso — cuando es motivado por el miedo a perder dinero — es poner tus asuntos financieros en orden. Tu miedo al fracaso disminuirá si creas un fondo que cubra tus gastos de subsistencia durante seis meses en caso de una emergencia. Esto también te permitirá sentirte más cómodo al tomar un descanso, irte de vacaciones, o pasar tiempo disfrutando de otros aspectos de tu vida que no sean los negocios.

3. Amor por el trabajo

Sí, ya sé. Eres extremadamente apasionado con tu negocio y piensas en él todo el tiempo. Yo funciono de la misma manera. No es posible apagar mi mente empresarial. Esto está bien, a menos que los negocios sean la única pasión en tu vida y se conviertan en tu único escape de los problemas.

Si el desequilibrio en tu vida está motivado principalmente por tu pasión por tu empresa y comienza a causar tensión en tus relaciones, es hora de un cambio.

Personalmente, lo que a mí me ayudó fue encontrar otras pasiones más allá del trabajo. Luego contagié a los demás con algunas de ellas. Por ejemplo, acostumbro ir a escalar con un amigo. También me gustan los idiomas y los viajes, por lo que planificar futuros viajes es otra actividad apasionante que distrae mi atención de los negocios.

Encuentra pasiones no relacionadas con tu empresa y, si te vuelves adicto a ellas, te ayudarán a lograr un mayor equilibrio en la vida. Como beneficio adicional tendrás más energía, así como nuevas perspectivas sobre cómo hacer crecer tu negocio.

4. Una recompensa por trabajar más

Como empresario emprendedor, siempre puedes trabajar más y siempre lograr más. No hay límite de cuánto puedes lograr y se siente bien lograr más constantemente. No es de sorprender que muchos empresarios trabajen tanto como pueden y aun así sienten que deberían trabajar más.

Desafortunadamente, esta adicción a los logros viene con efectos secundarios negativos. Empiezas a descuidar tu salud, a tu familia, a tus amigos, y a omitir tu cuidado personal. En un momento dado, el simple deseo de trabajar más se convierte en adicción al trabajo, es decir, trabajar por el simple hecho de trabajar.

La solución a este problema es similar a la solución relacionada con el amor al trabajo. Encuentra algo que te desafíe y te haga sentir productivo. No tiene que generar resultados tangibles directamente. Siempre y cuando te dé una sensación de logro similar a la que obtienes gracias a tu negocio, será suficiente. Obtienes puntos de bonificación por hacer esta actividad con otros.

Por ejemplo, a mí me encanta aprender idiomas, y lo considero una forma extremadamente productiva de pasar el tiempo. Me recuerda que existen más logros por conquistar en la vida que solo en mi negocio, y eso me ayuda a equilibrar mejor mi vida personal y empresarial. También practico varios deportes, incluyendo tenis y ciclismo, e invito a mis amigos a disfrutarlos conmigo.

Para recuperar aún más el equilibrio involúcrate en estos pasatiempos útiles y productivos con otras personas en tu vida. Encuentra satisfacción personal al pasar tiempo de calidad con tus seres queridos *y* practicando algo que te haga crecer como persona. He aquí algunas ideas:

- Únete a un equipo de fútbol local con tus amigos.

- Lleva a tu familia a explorar el desierto y organicen excursiones con regularidad.

- Construye algo con tus propias manos: una mesa de cocina, un juguete, una decoración para el hogar. Invita a tus amigos, hijos, cónyuge, u otros miembros de la familia a participar.

- Cocina algo. Cocinar y comer son algunas de las actividades sociales más agradables que pondrán una sonrisa en tu rostro y te ofrecerán una sensación de logro.

- Practica varias artes: pintura, música, escribir, esculpir. Involucra a toda tu familia o comparte con ellos los frutos de tu labor.

- Prueba la jardinería. Te ayudará a relajarte. También puedes convertirla en una actividad social con tu cónyuge, con tus hijos, o con los amigos a quienes no les importe ensuciarse las manos.

La conclusión es tener una vida más allá de tu negocio. Encontrar emociones en contextos no empresariales facilitará el equilibrio entre tu vida personal y profesional.

Tres implicaciones viables clave

A continuación hay tres implicaciones viables clave para ayudarte a mantener un equilibrio adecuado en la vida y no perder la cordura.

1. Cuida tu salud

Las actividades empresariales son adictivas y proporcionan mucho placer. Sin embargo, si descuidas tu salud, un día es posible que ya no puedas trabajar. La prevención básica es todo lo que necesitas para minimizar el riesgo de desarrollar muchas enfermedades graves.

Analiza tus niveles de salud y estado físico. ¿Tienes una dieta saludable? ¿Te ejercitas y duermes lo suficiente? ¿Tratas a tu cuerpo como a tu jefe que necesita ser respetado, o como a un esclavo del que regularmente abusas?

Si tienes sobrepeso, cambia tus hábitos alimenticios y haz más ejercicio. Duerme más si tiendes a pasar la noche trabajando y frecuentemente te quedas dormido a la mitad del día.

Idealmente, encuentra la manera de sentir pasión y disfrute al esforzarte por mejorar tu salud y estado físico.

2. Establece desafíos no empresariales

Si los únicos logros en tu vida provienen de los negocios, no es de extrañar que tengan prioridad sobre tu vida personal. Después de todo, los seres humanos queremos sentirnos bien y si lo que te motiva es principalmente el logro empresarial, ¿en qué otro lugar buscarías la satisfacción personal?

Encuentra un nuevo pasatiempo, una habilidad que quieras dominar, o algo que desees mejorar en tu vida personal. Esto te ayudará a satisfacer tu hambre de logros y dejar de medir tu autoestima solo por el desempeño de tu negocio. Permítete ganar y perder en tu vida personal; esto traerá más emoción a tu vida proveniente de otras fuentes además de tu negocio.

Te sugiero que practiques al menos un deporte difícil que te distraiga del trabajo, que te ayude a relajarte y que te desafíe para que no tengas que escapar al trabajo como una forma de autoterapia.

3. Ten una vida

Lo entiendo, adoras tu negocio. Amas el espíritu empresarial. Es tu pasión. Sin embargo, por ridícula que te parezca la idea, deberías tener una vida fuera de ella. Los empresarios que rara vez o nunca piensan en otra cosa que no sean los negocios tienden a trabajar demasiado hasta la muerte, a descuidar sus vidas personales, y terminan siendo infelices.

No olvides que tu vida consiste en algo más que solo ser productivo. Cuida tu salud y estado físico, pasa tiempo de calidad con tu familia y amigos, y trata de crecer como persona más allá del contexto empresarial. Al combinar todas estas cosas, te ayudarán a lograr tus resultados mucho más rápido y de una manera más agradable que convertirte en un solitario adicto al trabajo.

Hoy mismo, elabora un plan para tener una vida personal más satisfactoria. Si despiertas cada día sintiendo pasión solo por tu negocio, pero no por tu vida personal, ya es hora de cambiar y comenzar a desear convertirte en un ser humano común que no es adicto al trabajo.

CÓMO MANTENER EL EQUILIBRIO Y NO PERDER LA CORDURA: BREVE RESUMEN

1. Tu cuerpo es tu CEO. No descuides tu salud pensando que tendrás tiempo para ella más adelante cuando consigas el éxito. Tu sensación general de bienestar contribuye enormemente a tu autodisciplina y persistencia. ¿Cómo podrás lograr grandes metas si estás enfermo y exhausto todo el tiempo?

2. Hay cuatro razones principales por las que no puedes lograr un equilibrio entre el trabajo y la vida: entremezclar la identidad personal y el bienestar empresarial, el miedo al fracaso, el amor por el trabajo, y la sensación de una recompensa por trabajar más.

Entremezclar la identidad personal y el bienestar empresarial significa que permites que tu negocio defina tu autoestima. Un vínculo tan cercano con tu negocio te hace invertir cada vez más tiempo en él hasta que no hay nada más en tu vida sino trabajo.

Resuelve este problema encontrando más roles en tu vida que puedan definir tu autoestima (como ser un buen padre). Además, ten en cuenta que puedes ser más exitoso si te permites alejarte del negocio y verlo desde otra perspectiva. Por último, delega partes de tu negocio para que no sientas que eres el único responsable.

El miedo al fracaso hace que los empresarios trabajen horarios excesivos y sacrifiquen su vida personal. Un empresario típico está fuertemente involucrado en su negocio, tanto financiera como emocionalmente.

Aprender a sentirte cómodo con la incomodidad al invitar al fracaso a tu vida te ayudará a disminuir la preocupación de fracasar en tu negocio. Asegúrate de tener un fondo financiero de emergencia. El miedo al fracaso no será tan paralizante y dominante en tu vida si sabes que, incluso en el peor de los casos, podrás mantenerte económicamente durante unos meses.

El amor al trabajo suena como algo bueno, pero los empresarios a menudo lo llevan al extremo y dejan que los negocios se conviertan en su única fuente de desafíos y autorrealización. Encuentra pasatiempos no empresariales que te desafíen a romper el hechizo de que los negocios son la única fuente de pasión en la vida.

Se siente bien recibir una recompensa por trabajar más. Como empresario, siempre puedes obtener más recompensas, ya que siempre hay más que puedes hacer. Desafortunadamente, esto también significa que es fácil sobrepasarte y descuidar todo lo demás.

Este problema está relacionado con el amor al trabajo. Si tu negocio es lo único adictivo en tu vida, es obvio que lo priorizarás sobre todo lo demás. Por difícil que sea, encuentra actividades no empresariales — idealmente actividades que puedas llevar a cabo con tus seres queridos — y entusiásmate con ellas.

Es posible que te tome algún tiempo encontrar algo que se compare con la emoción y la alegría de lograr más en tu negocio, pero al final te permitirá disfrutar de una vida más equilibrada y sostenible.

Capítulo 4: Cuatro juegos de herramientas para desarrollar tu autodisciplina como empresario

La autodisciplina es la suma de comportamientos, rasgos y hábitos que fortalecen tu autocontrol. Además de las piezas fundamentales del rompecabezas que ya hemos revelado, los empresarios necesitan algunas herramientas más para desarrollar la autodisciplina. En este capítulo las cubriremos en detalle agrupándolas en cuatro juegos de herramientas que consisten en rasgos, hábitos o cambios de mentalidad necesarios para fortalecer tu resolución como empresario.

Analizaremos cómo y por qué estas herramientas funcionan, y cubriremos formas prácticas de implementarlas en tu vida. Cuando las introduzcas en tu vida te beneficiarás de un efecto sinérgico que generará una autodisciplina inquebrantable a largo plazo.

1. Dedicación e impulso

La dedicación significa involucrarte completamente en tu negocio. El impulso alimenta la devoción al proceso. El uso constante de estas dos herramientas inseparables es la diferencia más crucial entre los empresarios que tienen éxito a largo plazo y los que se dan por vencidos.

Con su estilo de escritura sin restricciones, el exitoso empresario y exitoso autor MJ DeMarco escribe en su libro *El carril rápido del millonario: Descifra el código de la riqueza y vive rico toda la vida,* "para alcanzar la cima de tu estrategia, ya sea de negocios o de algo más, tienes que comer, vivir y cagar lo que haces. Si aventurándote superficialmente en diez cosas diferentes, tus resultados serán superficiales e insignificantes. Concéntrate en una cosa y hazla con la mayor excelencia".[28]

La dedicación comienza con una decisión consciente de cortar todas las rutas de escape posibles y comprometerte con una idea de negocios hasta que ocurra una de estas dos cosas: o tiene éxito o falla. No hay puntos medios como "aventurarte superficialmente" o "intentarlo a medias".

Dividir tu atención en más de una idea de negocios a la vez diluirá tu persistencia. Cuando te enfrentas a obstáculos con una de tus empresas es tentador cerrar el negocio y pasar a otra idea. ¿Por qué lucharías por tu primer negocio si siempre está el segundo que por ahora no es tan problemático? No te puedes dar tal lujo cuando diriges un solo negocio, y esto garantiza que darás lo mejor de ti cuando enfrentes contratiempos en lugar de buscar la comodidad de otro negocio.

Ah, dices, ¡pero hay tantos empresarios que manejan múltiples negocios!

Gente como Elon Musk y Richard Branson podrán dirigir múltiples negocios *ahora*, pero ambos comenzaron con una sola empresa y levantaron nuevos negocios solo cuando sus proyectos anteriores ya no necesitaban de su participación activa. Décadas de experiencia, equipos confiables de empleados de clase mundial y un capital prácticamente interminable les permiten administrar múltiples negocios. Si careces de estos recursos, será mejor que te quedes con una sola cosa.

Te recomiendo encarecidamente que le des a un nuevo proyecto por lo menos seis meses de tu atención total. Al comprometer todos tus recursos en un solo negocio aumentarás drásticamente tus posibilidades de éxito y reducirás la tentación de perseguir el siguiente objeto brillante.

Una vez que te comprometas con un negocio, dedícate a él estableciendo una rutina constante.

Como autor autopublicado, me propuse ciertas metas de la cantidad de palabras que tengo que escribir a diario. Sé que para mantener la autodisciplina mi comportamiento debe ser automático, así que no espero a que la musa me visite. En cambio, sigo el consejo de Stephen King: "Los aficionados se sientan a esperar la inspiración, el resto simplemente nos levantamos y nos ponemos a trabajar".[29]

Una fuerte ética de trabajo es uno de los aliados más poderosos de la autodisciplina y la persistencia. Establece una rutina diaria con una tarea clave que definitivamente debes hacer antes que cualquier otra cosa. Lo mejor es que la tarea sea cuantificable y repetible, como escribir mil palabras al día, llamar a treinta clientes potenciales, o escribir doscientas líneas de código.

Para mantener la dedicación al proceso también necesitas llenar tu tanque con el combustible adecuado: un impulso o propósito poderoso.

Como lo escribo en mi serie de boletines sobre el desarrollo de una mentalidad orientada a procesos (recibirás estos correos electrónicos si te suscribes a mi lista siguiendo un enlace que encontrarás al principio o al final del libro):

"La mayoría de la gente solo *desearía* tener independencia financiera, y así continúan deseándola por el resto de su vida. Mientras quienes realmente alcanzan la meta son aquellos que no solo la desean, sino que definitivamente la necesitan en su vida y están dispuestos a pagar el precio para lograrla. Son quienes están dispuestos a superar múltiples episodios de depresión y frustración, fracasos, y sentirse como reclusos, todo para hacer su sueño realidad".

Ese es el tipo de impulso que necesitas en tu vida empresarial para seguir luchando por hacer que tus sueños se conviertan en realidad. Sin embargo, no solo se trata de una simple pasión autogratificante; se trata de hacerlo porque *tienes* que hacerlo, impulsado por el deseo de conseguir el dominio de una técnica y ofrecer algo de valor al mundo.

Ryan Holiday, el exitoso autor de *El ego es el enemigo*, postula, "Un propósito consiste en buscar algo fuera de ti mismo en lugar de complacerte a ti mismo", y sugiere que "debe tratarse de lo que crees que *tienes* que hacer y decir, no de lo que te interesa y lo que deseas ser".[30]

A partir de hoy, haz que tu trabajo sea más útil persiguiendo el dominio técnico y sirviendo, no solo a tus propias causas, sino principalmente a las de los demás. ¿Te acuerdas de la motivación prosocial e intrínseca? El deseo del dominio técnico es una de las mejores expresiones de ellas.

2. Enfoque y deliberación

Dirigir dos negocios a la vez es una receta para la distracción. Ofrece una forma fácil de escapar de tu negocio problemático. En lugar de remediarlo, es más fácil abandonarlo y pasar a otro proyecto, solo para repetir el mismo error cuando encuentres obstáculos en tu nuevo camino.

Sin embargo, las distracciones también pueden afectarte cuando eres fiel a un solo negocio.

Por ejemplo, a muchas personas les gusta jugar a ser empresarios, diseñando tarjetas de presentación, un logotipo, o un sitio web con todos los elementos de moda. Se engañan a sí mismos al pensar que ocuparse de esto es un paso importante para comenzar un negocio, cuando en realidad esto debería pasar a segundo plano. Se distraen con tareas irrelevantes en lugar de centrarse en lo que es importante: crear algo de valor.

Es por eso que necesitas tener enfoque y deliberación en tu vida. Estas herramientas te ayudarán a descubrir lo que es importante *en este momento*.

Cada vez que estés a punto de comprometer tus recursos en una tarea, pregúntate si realmente es lo que *necesitas en este momento*. Piensa en términos de trabajo inteligente que produce resultados, y no en trabajar solo por trabajar. Aunque se siente bien dedicar algunas horas a diseñar tu tarjeta de presentación, al final de cuentas esta acción no produce lo que tu incipiente negocio más necesita: clientes.

Este simple hábito de trabajo enfocado te ayudará a evitar malgastar tu autodisciplina en tareas de bajo impacto y, por lo tanto, tendrás más de ella para usarla en lo que realmente es importante.

Y hablando de enfoque, otro desafío es lidiar con las distracciones de tu lugar de trabajo que afectan negativamente tu productividad.

Estás sentado en tu oficina trabajando en una tarea importante y de repente recibes un correo electrónico o alguien te llama. Contestas el mensaje o terminas de conversar. Es hora de volver a trabajar, pero antes de hacerlo decides revisar rápidamente tu Facebook. Respondes algunos mensajes, miras un avance de una nueva película que tu amigo acaba de compartir, y escribes comentarios en las fotos de viaje de otro amigo. Miras el reloj y te das cuenta de que treinta minutos ya se han esfumado.

Las distracciones producen una reacción en cadena. Entrégate a ellas una vez y prepárate a dar la bienvenida a muchas más distracciones.

En su libro *Su cerebro en el trabajo: Estrategias para evitar distracciones, recuperar el enfoque y trabajar mejor todo el día,* el autor David Rock escribe: "Un estudio encontró que las distracciones en la oficina consumen un promedio de 2.1 horas por día. Otro estudio, publicado en octubre de 2005, encontró que los empleados pasaron un promedio de once minutos trabajando en un proyecto antes de distraerse. Después de una interrupción les toma veinticinco minutos regresar a la tarea original, si es que lo hacen".[31]

Lleva mucho tiempo retomar el ritmo después de perder la concentración, y una persona promedio pierde la concentración muchas veces durante el día de trabajo. Si no puedes controlar las distracciones en tu vida cotidiana, también tendrás dificultades para controlarte a ti mismo.

La clave para lidiar con las distracciones es reconocer que sucederán y hacer planes de antemano. No puedes eliminar las distracciones por completo, pero puedes controlarlas al llevar a cabo estas tres cosas:

1. Trabaja en la tarea más importante cuando haya menos probabilidades de que te interrumpan, idealmente por la mañana. Aun si te distraes en algún momento posterior del día, al menos ya habrás terminado la tarea más importante.

En su artículo para PsychologyToday.com, el autor David Rock recomienda "haz el trabajo que requiera un pensamiento más profundo en la mañana, mientras todavía tienes la capacidad de controlar tu atención".[32]

A mí me gusta levantarme a las 5:00 a.m. para trabajar en mis tareas más importantes porque la casa está en silencio, mi mente está fresca y nadie más está despierto todavía.

2. Evita las distracciones trabajando en un lugar donde haya menos probabilidades de que te interrumpan. Aunque está muy de moda trabajar en espacios de coworking o en un café, en realidad trabajarás mejor en un lugar tranquilo donde solo estés tú y la tarea que tienes entre manos. Como empresario, es probable que tengas la libertad de trabajar donde quieras. Elige el aislamiento.

En su entrevista con FastCompany.com, la especialista en ciencia de la interrupción, Gloria Mark, sugiere que las mejores formas de evitar la distracción que ella utiliza personalmente son trabajar en casa (para evitar un ambiente de oficina distractor) y limitar su uso del internet a dos veces por día.[33]

Sigue este consejo al crear un espacio privado para tu oficina en el hogar y desconectarte de internet si no lo necesitas para trabajar. Considera el uso de complementos para tu navegador que te permitan bloquear sitios específicos durante un período de tiempo específico.

3. Sé consciente y toma descansos cada vez que sientas que tu atención se está desviando. Considera

seguir la Técnica Pomodoro, en la que trabajas durante veinticinco minutos, tomas un descanso de cinco minutos, y continúas con otra ronda de veinticinco minutos.[34]

Además, considera la meditación como una herramienta de entrenamiento para agudizar tu enfoque y concentración. Cuanto más a menudo realices una actividad que ocupe toda tu concentración, mejor podrás mantener el mismo nivel de atención cuando trabajes. Si la meditación no te resulta particularmente útil o no te gusta, considera otros tipos de actividades similares a la meditación, tales como:

- Escuchar música con atención,

- Practicar yoga o tai chi,

- Llevar un diario

- Otros tipos de meditación no estándar, la caminata meditativa, la meditación de observación fija, la meditación de respiración, o la meditación de agradecimiento (he cubierto todas estas alternativas a la meditación en mi libro *Autodisciplina diaria:*

Hábitos cotidianos y ejercicios para construir la autodisciplina y alcanzar tus metas).

3. Decisión y selectividad

Como empresario, con frecuencia te encontrarás en situaciones difíciles en las que no podrás tomar una decisión informada.

Puedes elegir no tomar una decisión, pero incluso esa es una decisión. Y al final de cuentas es la peor decisión que puedes tomar, porque entonces dejas que las cosas te sucedan en lugar de elegir qué hacer y asumir la responsabilidad por el resultado.

La autodisciplina no puede prosperar en un entorno en el que dejas que las cosas te sucedan, porque la autodisciplina *también* es una decisión de elegir la gratificación retrasada por encima de las recompensas instantáneas. Ser empresario se trata de ser proactivo y tomar el control, no de reaccionar a lo que te está sucediendo.

¿Cómo te conviertes en una persona más decisiva y selectiva?

Todo comienza con entender que tomar decisiones consume energía. Cuantas más decisiones tomes menor será su calidad. En psicología, a este fenómeno se le llama *fatiga de decisión*.[35] La fatiga de decisión también puede conducir a la *evitación de decisiones*, que es cuando evitas tomar decisiones por completo.[36]

El presidente Barack Obama dijo una vez: "Verán que solo visto trajes grises o azules. Estoy tratando de reducir al mínimo las decisiones. No quiero tener que tomar decisiones acerca de lo que estoy comiendo o vistiendo. Porque tengo muchas otras decisiones que tomar". Luego, añadió: "Necesitas concentrar tu energía de toma de decisiones. Necesitas programarte rutinas. No puedes pasar el día distraído con trivialidades".[37]

No se puede negar que la cantidad de decisiones que un presidente debe tomar sin duda es mucho mayor que las que toma una persona típica. Por lo tanto, yo diría que probablemente él sabe bien cómo administrar su energía para tomar decisiones, ¿no crees?

No tener que lidiar con trivialidades al simplificar tus elecciones diarias liberará la energía necesaria para tomar decisiones importantes.

Deshazte de la ropa que ya no usas, o invierte solo en prensas de estilo clásico que siempre combinen entre sí. Compra y consume alimentos similares para simplificar tus hábitos alimenticios. Elige lo primero que se te venga a la mente cuando te veas obligado a tomar una decisión trivial, como elegir entre las opciones de salsa cuando comas fuera.

Reduce o elimina las decisiones triviales de tu vida, pero sé selectivo cuando se trate de decisiones clave con consecuencias a largo plazo.

Cuando decidí traducir mis libros a otros idiomas revisé docenas de aplicaciones para encontrar a los traductores y editores adecuados. Pude haber sido menos meticuloso, pero sabía que esta tarea era demasiado importante como para hacer las cosas a medias.

Aplica la selectividad de la misma manera. No te conformes con la mediocridad ni tomes decisiones apresuradas cuando hay mucho en riesgo. En cuanto a las elecciones triviales, no pierdas tu tiempo con ellas y toma una decisión rápida.

4. Determinación y autoconfianza

Los científicos se refieren a la determinación como un sentimiento emocional positivo que te impulsa a actuar a pesar de las dificultades.[38] Te hace más persistente y mejora tu capacidad para sobrellevar los problemas.

Como empresario enfrentarás contratiempos regularmente. No habrá nadie para manejarlos por ti. Si no estás acostumbrado a que frecuentemente aparezcan murallas en tu camino hacia el éxito, al principio podrías sentirte tentado a darte por vencido. La reacción opuesta — la determinación — te ayudará a enfocarte en las soluciones: escalar la muralla, derribarla o rodearla.

En ese sentido, la determinación consiste en tener un foco de control interno y la creencia de que estás en control de tu vida, y que eres tú — no los factores externos como la suerte, otras personas, o la economía — quien pueden cambiar las cosas.[39]

Una persona con un foco de control externo no podrá lidiar con una muralla. La mirarán pensando que "ellos" (quienquiera que "ellos" sean) están tratando de alejarla del éxito y no hay nada que pueda hacer más que aceptar su destino.

Para desarrollar un foco de control interno, deja de culpar al mundo que te rodea. Acepta la responsabilidad de igual forma por cada éxito y fracaso que experimentes.

Este reforzamiento constante te alentará a abordar cada dificultad con una mentalidad orientada a la acción en lugar de quejarte de factores externos.

En segundo lugar, desarrolla tu autoeficacia, es decir, la fuerza de tu creencia en tus habilidades y qué tan capaz consideras que eres para realizar exitosamente una determinada tarea o lograr una meta.[40]

En mi libro *Confianza: Cómo superar tus creencias limitantes y alcanzar tus metas*, cubro cinco reglas fundamentales para desarrollar un fuerte sentido de autoeficacia. Estas son:

1. Establece metas ligeramente por encima de tu capacidad para que puedas extender tu zona de confort de manera consistente y acostumbrarte a desafíos cada vez mayores. En los negocios, podrías comenzar con pequeñas inversiones y aumentar lentamente tu umbral de riesgo.

2. Desglosa las metas en partes más pequeñas y simplifícalas para evitar sentirte abrumado. Iniciar un negocio suena como un proyecto mayúsculo, pero cuando lo divides en pequeñas tareas, es más manejable. De esta forma, será más probable que te sientas determinado en lugar de desalentado.

3. Céntrate en el panorama completo para pensar en términos de estrategias en lugar de tácticas. Como empresario, tu objetivo principal es realizar ventas. Todo lo demás está en segundo plano, especialmente para una persona que acaba de comenzar. Como ya hemos cubierto, enfócate en las acciones clave en lugar de ocuparte de cosas que podrían sentirse bien pero que no generan resultados.

4. Reencuadra los obstáculos para que los veas como razones para seguir adelante en lugar de

razones para darte por vencido. Como dijo el profesor estadounidense Randy Pausch: "Los muros de ladrillo están ahí por una razón. Los muros de ladrillo no están ahí para mantenernos fuera. Los muros de ladrillo están ahí para darnos la oportunidad de mostrar qué tanto queremos algo. Porque los muros de ladrillo están ahí para frenar a la gente que no quieren algo lo suficiente. Están ahí para frenar a otra gente".[41]

5. Toma el control de tu vida para que reconozcas que lo que sucede en tu vida es el resultado directo de tus acciones. Esto nos lleva de vuelta al desarrollo de un foco de control interno.

En la práctica, mientras jures no detenerte hasta que hagas funcionar tu negocio desarrollarás la determinación de forma natural, al igual que te vuelves más fuerte de forma natural si levantas pesas regularmente.

Tres implicaciones viables clave

Las tres acciones más importantes que puedes llevar a cabo para implementar en tu vida los consejos de este capítulo son:

1. Dedícate

Si deseas desarrollar una poderosa autodisciplina, debes estar completamente dedicado a tu negocio y su crecimiento. Esto incluye seguir una rutina establecida para ayudarte a adherirte al proceso y no intentar abarcar demasiado trabajando al mismo tiempo en varios proyectos no relacionados.

A partir de hoy comprométete a desarrollar una dedicación incondicional al proceso de construir tu negocio. Tómate por lo menos seis meses (e idealmente un año o más) para enfocarte en tu negocio y olvidarte de cualquier nueva y atractiva idea empresarial. Desarrolla una rutina clave que seguirás todos los días laborables (como contactar a un determinado número de prospectos, o producir una cantidad determinada de un producto) y no te desvíes de ella sin importar qué.

2. Trabaja inteligentemente y céntrate

Trabajar de manera inteligente y administrar adecuadamente tus recursos, en lugar de derrocharlos y trabajar sin sentido, te ayudará a lograr mejores resultados más rápidamente. Esto a su vez reducirá el riesgo de que te des por vencido debido a la falta de persistencia o autodisciplina.

Realiza las tareas más importantes lo antes posible o en un momento en que puedas evitar interrupciones. Además, acepta el hecho de que las distracciones *siempre* sucederán, por lo que es mejor trabajar en ráfagas cortas y programar distracciones para tus pequeños descansos.

Considera la posibilidad de meditar o participar en un tipo similar de actividad meditativa que te ayudará a despejar tu mente y concentrarte en una sola tarea.

Sé consciente al elegir nuevas tareas para realizar. Es fácil caer en la trampa de hacer las cosas simplemente porque se siente bien terminarlas, aun si no cumplen ningún propósito específico. Asume que tu autodisciplina es un recurso limitado y evita el desperdicio de realizar tareas innecesarias.

Analiza las tareas que llevas a cabo regularmente y pregúntate cuáles son fundamentales y cuáles no son necesarias. Reduce el tiempo que dedicas a tareas menos importantes o elimínalas por completo de tu agenda.

No olvides que las decisiones también consumen energía. Mientras más tiempo pases tomando decisiones sin importancia, más difícil será tomar las decisiones correctas. Reduce la cantidad de decisiones triviales tanto como puedas y sé selectivo con respecto a las elecciones importantes que pueden tener repercusiones a largo plazo.

3. Aprende a confiar en ti mismo

Los empresarios a menudo dudan de sí mismos. Esto puede conducir a una resolución débil y a la evitación de decisiones.

Aprende a confiar en ti mismo al salir constantemente de tu zona de confort e intentar cosas cada vez más difíciles. A partir de hoy, todos los días intenta hacer al menos una cosa que te atemorice o te haga sentir incómodo.

Adicionalmente, divide cada desafío en pasos más pequeños para evitar sentirte abrumado. Si tienes algunos objetivos importantes divídelos en pasos más pequeños.

Por último, pero definitivamente no menos importante, piensa en el panorama completo: estrategias a largo plazo en lugar de tácticas a corto plazo, y grandes cambios en lugar de pequeñas modificaciones. Evalúa tu enfoque actual y pregúntate si te estás enfocando principalmente en cosas pequeñas o en una perspectiva más importante a largo plazo.

CUATRO JUEGOS DE HERRAMIENTAS PARA DESARROLLAR TU AUTODISCIPLINA COMO EMPRESARIO: BREVE RESUMEN

1. La dedicación al proceso es la primera clave fundamental de autodisciplina para un empresario. Si no le das tu completa atención a tu negocio tendrás dificultades. La persistencia a largo plazo proviene del compromiso de permanecer fiel a un negocio.

2. Fortalece tu dedicación desarrollando un impulso poderoso para convertirte en el mejor en lo que haces y centrándote en el valor que estás ofreciendo al mundo. Cuando comienzas a sentir que es tu *deber* hacerlo, te vuelves imparable.

3. Sé deliberado. Siempre que estés a punto de invertir tu tiempo o energía en una gran tarea pregúntate si es necesaria. Algunos empresarios a menudo trabajan por la sensación superficial de logro en lugar de obtener resultados en el mundo real. Piensa en trabajo inteligente y resultados, no en

trabajo arduo sin sentido y ajetreo por el hecho de estar ajetreado.

4. Haz frente a las distracciones reconociendo que van a suceder y planificando acordemente, por ejemplo, trabajando en ráfagas de 25 minutos. Una falta de concentración conducirá a resultados mediocres, y los resultados mediocres no te llevarán al éxito que estás buscando.

5. Una persona decisiva es una persona que toma y lleva a cabo las decisiones en lugar de esperar a que las cosas le sucedan. Esta es una característica de la mentalidad proactiva que es vital para cualquier empresario. Administra tu energía de toma de decisiones al reducir el número de decisiones sin importancia que tomas a diario. Además de eso, sé selectivo y piensa con cuidado al tomar decisiones importantes.

6. Asume la responsabilidad de todo lo que sucede en tu vida y practica la determinación al salir constantemente de tu zona de confort. Tu habilidad para enfrentar los problemas y fracasos crecerá naturalmente como resultado de desafiarte.

Capítulo 5: Los desafíos más comunes que enfrentan las personas que quieren comenzar un negocio

Uno de los problemas más comunes que enfrentan las personas que desean iniciar un negocio es exactamente eso: *desearlo*. El término que me gusta usar para una persona con este desafío es "wantrepreneur" (N. del T. una combinación de las palabras inglesas 'want': querer, y 'entrepeneur': empresario), que UrbanDictionary define como "alguien que piensa en ser un empresario o iniciar un negocio, pero nunca comienza".[42]

Los wantrepreneurs, o bien nunca inician un negocio, o bien pretenden que son empresarios al poner en marcha pequeños proyectos para hacer dinero rápido que están condenados al fracaso, a menudo planeados acorde a los malos consejos de los gurús del tipo "gana dinero en línea".

Ya hemos discutido que el compromiso es una de las cosas más importantes que necesitas para alcanzar el éxito en los negocios. Además de eso (y de otros rasgos y hábitos que hemos analizado hasta ahora), aquí hay cinco razones más por las cuales las personas se convierten en wantrepreneurs y cómo superarlas.

1. Miedo

Si siempre has dependido de tu sueldo como empleado, es posible que temas que, como empresario, solo recibirás pagos cuando obtengas resultados. Este miedo puede volverse tan paralizante que continúas soñando con comenzar un negocio por años, pero nunca lo haces porque tienes miedo de morirte de hambre o perder tu casa.

Me encantaría poder ofrecerte un proceso exacto, paso a paso, para superar el miedo, pero desafortunadamente no existe. Al igual que nunca estarás listo al cien por ciento para ser padre, nunca estarás preparado para convertirte en un empresario emprendedor. La única forma en que puedes hacer la transición es realmente iniciar tu negocio.

Esto no significa que debas lanzarte de cabeza inmediatamente y presentar tu renuncia. Trabajar en tu negocio como algo secundario al principio es una buena manera de combatir el miedo. Esto te permitirá ganar un impulso inicial sin el riesgo de colocarte una mala situación financiera, lo cual es una consideración particularmente importante cuando tienes que mantener a tu familia.

Si no eres capaz de imaginarte ganando dinero con tu propia empresa, comienza con algo simple como:

- Compra un artículo usado, como un teléfono o un automóvil, límpialo y/o arréglalo, tómale algunas buenas fotos y véndelo con un pequeño margen de ganancia. Alternativamente, compra tales productos al mayoreo y véndelos individualmente a un precio más alto. Yo solía comprar CDs de música al por mayor y venderlos individualmente. Fue una buena experiencia para aprender a manejar un pequeño negocio sin tener que invertir mucho dinero o tiempo en ello.

- Aprovecha la "economía del trabajo autónomo" al ofrecer tus servicios como profesional independiente en sitios web como Upwork (incluso puedes ofrecer los mismos servicios que desempeñas en tu empleo actual), o convirtiéndote en conductor de una startup de transporte como Uber, o enseñando español (u otros idiomas que domines) a través de sitios como Italki. Yo solía escribir artículos para varios clientes. Si bien no lo llamaría un negocio "propiamente dicho"— era más bien como un empleo, aunque yo era el jefe — me enseñó muchas cosas útiles que más tarde puse en práctica como empresario.

- Vende artículos que hayas elaborado a mano a través de mercados de artesanías como Etsy. Esto puede convertirse fácilmente en un negocio en toda regla.

Ganar aunque sea una pequeña cantidad de dinero fuera de un empleo fijo generará la confianza de que puedes ganar dinero por tu cuenta. Esto te ayudará a pasar de ser un wantrepreneur a un empresario.

Aún si fracasas con tus primeras pequeñas empresas — y seamos sinceros, esto *sucederá* — aprenderás a hacer frente al fracaso y seguir adelante. Todos los empresarios tienen una capacidad altamente desarrollada para lidiar con el fracaso. Si quieres alcanzar el éxito, prepárate para adquirir esta habilidad también.

2. Perfeccionismo

Muchos perfeccionistas posponen las cosas por el temor de que no podrán lograr resultados perfectos.

Adivina qué... *nunca* vas a lograr resultados perfectos en cualquier cosa que sea nueva para ti.

Sin embargo, eso no significa que no debas comenzar.

Cuando comencé a escribir libros experimenté con diferentes géneros, incluso ficción. Las historias eran embarazosas, pero sabía que tenía que publicarlas para poder obtener retroalimentación del mundo real. Me sorprendió que, en lugar de reseñas de 1 estrella, recibí críticas de 3 estrellas, 4 estrellas e incluso 5 estrellas. La gente en realidad *gustó* de mis libros, los mismos que yo consideraba embarazosos.

Desde entonces he mejorado mis habilidades de escritura y he perfeccionado mi enfoque. Si no hubiera sido por esta experiencia inicial y haberme expuesto a las críticas, no estaría donde me encuentro hoy.

Como perfeccionista, es muy probable que tengas estándares poco realistas. Afortunadamente, como puedes aprender de mi historia, lo que pienses acerca de los resultados de tu trabajo probablemente no coincidirá con la percepción de tu mercado, el cual estará feliz de utilizar lo que has creado.

Si eres un wantrepreneur porque temes que no harás un buen trabajo, asume que tu primer producto o servicio *será* terrible y sigue adelante de todos modos. La mayoría de las veces no será tan malo como piensas. Al final de cuentas, hacer las cosas de todos modos es la única solución efectiva para escapar de la falta de acción relacionada con el perfeccionismo.

Ten en cuenta que el perfeccionismo también se aplica a esperar las circunstancias perfectas. Por ejemplo, muchos empresarios creen que no deberían comenzar un negocio si no pueden obtener financiamiento. Adivina qué... siempre puedes *hacer* algo, aún si todo lo que tienes son unos cuantos centavos en tu billetera.

Cuando estaba trabajando en mi negocio de software no tenía suficiente dinero para desarrollar la aplicación completa. En consecuencia, comencé con un producto mínimo viable (un producto muy básico con las características más esenciales que los primeros consumidores necesitaban) y obtuve el financiamiento directamente de mis clientes.

El ingenio puede ser muy útil cuando dejas de esperar a que las estrellas se alineen a tu favor y entras en acción sin importar qué.

Otra expresión de perfeccionismo es pasar incontables horas estudiando libros de negocios, pero nunca implementar los consejos en el mundo real.

Es bueno informarse sobre los aspectos básicos de ser un empresario, pero la verdadera educación empresarial comienza cuando inicias un negocio. Solo entonces, los conceptos cubiertos en los libros que has leído comenzarán a tener sentido y también podrás omitir los consejos que no sean aplicables a tu situación.

3. La mentalidad de todo o nada

Otra razón común por la cual las personas siguen deseando ser empresarios, pero nunca lo hacen realidad, es porque piensan en términos de todo o nada.

O comienzan esta grandiosa y sexy startup al estilo Silicon Valley de la que todos hablarán, o no comienzan nada en absoluto. Para ellos, construir un producto mínimo viable no es suficiente.

Tiene que ser una invención glamorosa, "nunca antes vista" o nada; y ciertamente jamás una versión ligeramente mejorada de un producto existente en su lugar.

Tiene que ser una gran tienda minorista de inmediato, o nada. Probar la idea con una pequeña tienda en línea no es lo suficientemente bueno para ellos.

Es fácil ver que el único resultado de esa mentalidad es no hacer nada. Una persona que piensa en términos de todo o nada esperará las circunstancias perfectas (eso no sucederá), o desperdiciará las oportunidades que se le presenten porque no producirán los resultados instantáneamente grandes que buscan.

Una vez más, la solución más poderosa es tomar medidas y hacer algo de todos modos. ¿Te das cuenta de que algo en común aquí?

Si eres nuevo en los negocios, te recomiendo comenzar con algo pequeño y fácil solo para ganar algo de experiencia y confianza.

Pensar en grande es admirable, pero si no tienes experiencia práctica en el ámbito que te gustaría dominar, tus posibilidades de lanzar una gran compañía sin ninguna experiencia comercial previa son nulas. En cambio, primero mete los pies al agua, hazte una idea de cuán realistas son tus planes, y realiza los ajustes necesarios.

Antes de que comenzara a tomar clases de tenis yo pensaba que aprender a jugar correctamente me llevaría unas pocas clases. Poco sabía que se necesita más de un año o dos para dominar el juego. Si hubiera pensado en términos de "todo o nada", me habría rendido después de las primeras clases.

En este sentido, los negocios son como el tenis. Tu mentalidad de todo o nada puede tentarte a tener expectativas poco realistas que desacreditan toda clase de pequeños logros y arruinan tu motivación.

Empieza poco a poco. Lentamente, extiende tu zona de confort. Acepta el hecho de que es muy poco probable que tu primera empresa despegue o que harás crecer un gran negocio de inmediato. Sin embargo, si no das estos primeros pasos nunca alcanzarás esos grandes objetivos que tienes para ti mismo.

4. Poner pretextos

La gente pone pretextos porque:

1. No tienen la suficiente confianza o habilidades para resolver problemas, o su percepción de sus habilidades les hace pensar que no podrán lidiar con la realidad de dirigir un negocio. Cubrimos esto cuando hablamos del miedo.

2. No desean el éxito lo suficiente, pero necesitan racionalizar su falta de acción. El problema no son los pretextos que ponen sino su débil motivación.

3. Se preocupan demasiado o tienden a hacer las cosas más grandes de lo que en realidad son. Sus pretextos son irrelevantes, o no son tan difíciles de superar como creen.

Cuando se trata de la segunda razón por que las personas ponen pretextos — no desean el éxito lo suficiente — todo se reduce a su mentalidad.

Si la única razón por la que deseas iniciar un negocio es porque quieres ganar dinero y hacerte rico, sin pensar en la razón por la que quieres tener dinero, será difícil comenzar y aún más difícil continuar.

Ya lo hemos cubierto en el primer capítulo. La motivación extrínseca es útil, pero no puede sostenerse por sí misma sin el apoyo de una motivación intrínseca y una motivación idealmente prosocial.

Si has estado postergando el iniciar un negocio durante meses o años, quizá sea el momento de reconsiderar tus motivadores. Millones de personas en todo el mundo quieren ser millonarias. En un mundo ideal, tal vez un pequeño porcentaje realmente tome medidas consistentes. Estas son las que se sienten impulsadas, al tal grado, que se siente como una cuestión de vida o muerte; y estas son las personas que lo logran.

Si inventas pretextos porque te preocupas demasiado o tiendes a hacer las cosas más grandes de lo que son, es hora de sentarte, deconstruir tus preocupaciones y darte cuenta de que millones de personas han lidiado con los mismos problemas y se las han arreglado bien.

Los problemas que imaginas son tan abrumadores a menudo son en realidad pequeños obstáculos que puedes sortear fácilmente. Siempre y cuando sus consecuencias negativas no tengan un impacto a largo plazo en ti, ¿por qué preocuparte tanto por ellos?

Por ejemplo, supongamos que postergas el lanzamiento de tu empresa porque temes que no sabrás cómo diseñar un sitio web, establecer una compañía, o utilizar una cuenta comercial.

¿Son estos miedos legítimos? ¿Qué es lo peor que puede pasar si diseñas un sitio web malo, si no presentas algunos documentos, o si no puedes abrir una cuenta comercial adecuada?

Si diseñas un mal sitio web siempre puedes rediseñarlo. O en lugar de diseñarlo tú mismo de nuevo puedes averiguar cómo descargar una plantilla gratuita y lucir profesional a pesar de tener cero conocimientos de diseño de sitios web. En el peor de los casos, te arriesgas a la vergüenza.

A menos que estés comenzando un negocio en una industria extremadamente regulada, el riesgo de descuidar el papeleo es minúsculo. Incluso si no presentas algunos documentos y recibes una multa, lo más probable es que solo suceda una vez. Considera la multa como una experiencia de aprendizaje.

¿Qué hay de la incapacidad de abrir una cuenta comercial? No es necesario aceptar pagos. Puedes comenzar con PayPal, Stripe o cualquier otro procesador de tarjetas de crédito similar. No hay nada que arriesgar aquí.

Deconstruye tus preocupaciones de la misma manera y descubre que, siempre y cuando las consecuencias negativas sean de una sola vez y no tengan un impacto duradero en tu vida, los riesgos son bajos y tus pretextos no son legítimos.

5. Creer merecerlo todo y la mentalidad de consumidor

Uno de los peores modos de pensar que te impedirá alcanzar el éxito empresarial es la mentalidad de merecerlo todo: creer que te mereces las cosas solo por el hecho de existir.

Los empresarios con esa mentalidad a menudo se ocupan con varios esquemas para ganar dinero a corto plazo. Nunca lanzan un negocio adecuado que proporcione valor real a sus clientes, porque su única preocupación es cómo ganar tanto dinero como sea posible de la manera más rápida y fácil posible.

En este tipo de actividad como wantrepreneur por lo menos estás entrando en acción, pero es el tipo de acción equivocada centrada en hacer dinero rápido y flujos fugaces de ingresos. No postergas cuando se trata de entrar en acción como lo hacen otros wantrepreneurs, pero pospones el comienzo de un negocio legítimo.

Existen innumerables "autores" en la industria de autopublicación que incursionaron solo porque escucharon que podía ser rentable. En lugar de encontrar la forma de ofrecer a sus lectores el mejor servicio posible, producen libros de baja calidad de los géneros más populares.

El resultado final es fácil de predecir: desanimados por las ventas insatisfactorias de sus libros de baja calidad pasan a otro esquema para hacer dinero.

La solución a este problema es simple: siempre que te encuentres pensando en hacer dinero rápido con un modelo de negocios insostenible que no beneficia a nadie más que a ti, resiste la tentación de hacerlo y piensa en algo más legítimo.

La mentalidad de merecerlo todo es prima de la mentalidad de consumidor. A menudo, las personas siguen siendo wantrepreneurs porque comienzan un negocio pensando en lo que pueden obtener del negocio (pensar como consumidor), en lugar de lo que pueden ofrecer al mundo (pensar como productor).

Este es el tipo de personas que incursionan en las industrias y tendencias más exigentes aun cuando no tienen ninguna experiencia en ellas, y no están dispuestas a aprender ni les importa proporcionar un valor real.

Para remediar esta situación evalúa honestamente tus habilidades, tus rasgos, y cualquier otra cosa que puedas aportar. Siempre he sido un escritor, así que cuando escuché por primera vez sobre la industria de la autopublicación me di cuenta de que podría ser una combinación perfecta para mi conjunto de habilidades personales. ¿Cuáles son tus habilidades comercializables y cómo puedes combinarlas para iniciar un negocio y ofrecer algo de valor al mundo?

Implicación viable

En este capítulo, te dejo con solo una implicación viable. Reemplaza a todo lo demás y es la única solución realista para superar el espíritu de wantrepreneur. Se trata de:

1. Entrar en acción, comprometerte y modificar las cosas hasta que caigan en su lugar

Ok, técnicamente podríamos dividirlo en tres implicaciones viables, pero en realidad todo es un solo un proceso.

Entrar en acción, que puede ser algo tan simple como hablar con tus clientes potenciales y ofrecerles una primera solución, te ayudará a superar la inercia y ganar un impulso inicial. Si no actúas de forma tal que proporciones un valor real a los demás siempre permanecerás en la tierra de los sueños empresariales.

En este momento, lleva a cabo al menos una acción cuyo resultado directo sea ayudar a alguien. No necesitas cobrar por ello; muchas empresas comienzan con personas que prestan un servicio para otros o regalan un producto como líder de pérdidas.

Sin embargo, esto no termina con entrar en acción. Cuando finalmente obtengas algunos resultados iniciales es hora de comprometerte con tu idea de negocios durante al menos seis meses. Si no te comprometes con el proceso acabarás persiguiendo al próximo objeto brillante.

Te sugiero encarecidamente que encuentres una manera de rendir cuentas. Por ejemplo, puedes darle a un amigo una cantidad sustancial de dinero y decirle que lo gaste como lo desee si no te adhieres a tu idea de negocios durante un período de tiempo acordado. La responsabilidad pública, como crear un hilo de progreso en un foro de empresarios o unirte a un grupo de expertos, también te puede ayudar.

El último paso, pero definitivamente no menos importante, es seguir ajustando las cosas hasta que encajen, sin importar cuántas fallas experimentes en el camino. Esta fase es la que distingue a los empresarios exitosos de aquellos que se dan por vencidos.

Cuando comencé en la industria de autopublicación, entrar en acción — escribir y publicar mi primer libro — fue el primer paso. Comprometerme con la industria — jurar no intentar nada más hasta que funcionara — fue el segundo paso. Por último, seguí probando varios nichos, estilos de escritura, y enfoques de mercadotecnia hasta que cayeron en su lugar, y publiqué mi primer bestseller, *Cómo construir la autodisciplina*.

No solo leas este pasaje y te olvides de él. Pon a prueba tu idea de negocios hoy y gana impulso. Todo lo que necesitas para escapar del triste mundo de los wantrepreneurs y unirte al apasionante mundo de los empresarios es entrar en *acción*.

LOS DESAFÍOS MÁS COMUNES QUE ENFRENTAN LAS PERSONAS QUE QUIEREN COMENZAR UN NEGOCIO: BREVE RESUMEN

1. Ser un wantrepreneur, o desear iniciar un negocio, pero nunca hacerlo, es uno de los desafíos más comunes de los nuevos empresarios. Las cinco razones más comunes por las que solo desean las cosas, pero nunca actúan, son: el miedo, el perfeccionismo, la mentalidad de todo o nada, poner pretextos, y la mentalidad de merecerlo todo y de consumidor.

2. El temor de iniciar un nuevo negocio o, mejor dicho, la forma en que percibes las consecuencias negativas de un fracaso puede paralizarte tanto, que soñarás con convertirte en un trabajador autónomo por años, pero nunca entrarás en acción. Para combatir este problema, comienza con una idea de negocios que no requiera de mucho capital, tiempo y participación. Poco a poco, expande tu zona de confort hasta que te sientas listo para comenzar a ser

un empresario a tiempo completo. No hay necesidad de jugártelo todo de inmediato.

3. El perfeccionismo es otro motivo por el que las personas terminan siendo wantrepreneurs. Si te preocupa que tu negocio no sea perfecto de inmediato pospondrás para siempre el lanzamiento de cualquier cosa. Para lidiar con este problema, asume que tu primer producto *será* terrible y sigue adelante de todos modos. En algún punto, cada uno de los empresarios más exitosos en la historia fue un novato.

4. La mentalidad de todo o nada es una mentalidad en la que, o bien lanzas un negocio que cambia el mundo, o mejor no haces nada. Desafortunadamente, rara vez — si no es que nunca — un nuevo empresario lanzará un negocio que logra un gran éxito inmediato. Toma años adquirir experiencia empresarial en el mundo real. Inicia una pequeña empresa para deshacerte de las expectativas poco realistas. De todos modos, tu primer proyecto probablemente no se convertirá en tu ocupación de por vida.

5. Los empresarios a menudo ponen pretextos. Hacen esto porque tienen miedo, porque carecen de la motivación adecuada, o porque se preocupan demasiado y tienden a hacer las cosas demasiado grandes.

Si inventas pretextos porque tienes miedo, repasa los consejos para escapar del espíritu de wantrepreneur. Lentamente expande tu zona de confort para destruir el hechizo que tus pretextos han puesto sobre ti.

Si inventas pretextos porque te falta motivación, es hora de reconsiderar tus razones y agregar motivadores intrínsecos y prosociales más fuertes. Si tu único motivador es un Ferrari, es poco probable que hagas todos los sacrificios necesarios y sigas esforzándote. (A menos, claro, que ames los Ferraris más que a nada o nadie en tu vida).

Si inventas pretextos porque te preocupas demasiado, deconstruye tus preocupaciones y plantéate los posibles efectos negativos de tus ansiedades si se vuelven realidad. ¿Causarán un problema que solo ocurrirá una vez? ¿Realmente afectarán tanto tu vida, o podrás salir adelante de inmediato? La mayoría de las veces, los problemas que imaginas en tu mente son solo pequeños obstáculos.

6. No debes ver a tu negocio con una perspectiva de consumidor, ni mucho menos sentir que automáticamente te mereces el éxito. Piensa en las empresas como si fueran un vehículo que puede ayudarte a servir a los demás y, adicionalmente, ayudarte a ti mismo. Las personas que se centran en el dinero por encima de cualquier otra cosa, en lugar de pensar en cómo pueden crear algo de valor con sus habilidades personales, son las que fracasan con sus esquemas para hacer dinero rápido y se dan por vencidas.

Capítulo 6: Desafíos comunes de autodisciplina entre los empresarios experimentados

Puede que los empresarios experimentados ya no tengan que lidiar con algunos de los problemas más comunes que enfrentan los nuevos empresarios, pero eso no significa que sus problemas hayan desaparecido. La mayoría de las veces, los antiguos desafíos son reemplazados por un nuevo conjunto de desafíos que pueden ser tan complicados como los iniciales.

En este capítulo, analizaremos estos problemas y las soluciones a ellos. Aun si tienes unos cuantos años de experiencia empresarial, es muy probable que hayas enfrentado algunas de estas dificultades, o aún continúes enfrentándolas. Sin embargo, también pueden ser resueltas, y es crucial que lo hagas si quieres seguir siendo un empresario exitoso por el resto de tu vida.

Dormirte en tus laureles

Los empresarios experimentados a menudo sucumben a la tentación de tomar las cosas con calma. Es comprensible que cuando logras algunos de tus objetivos pierdes el hambre inicial que te hizo mantener una fuerte ética de trabajo. Sin embargo, tomar las cosas con demasiada calma a menudo conduce a una pendiente resbaladiza.

Al igual que tus músculos requieren que los ejercites regularmente para mantener la fuerza y masa, también tu autodisciplina necesita ser "ejercitada" constantemente para que puedas mantenerte en tu punto óptimo.

Incluso los empresarios más exitosos continúan esforzándose porque saben que si no se desafían continuamente perderán la ventaja que llevan.

En su entrevista con NBC News, Steve Jobs dijo: "Pienso que, si llevas a cabo algo que resulta ser muy bueno, entonces deberías llevar a cabo otra cosa maravillosa y no estacionarte por demasiado tiempo en lo primero. Simplemente encuentra qué vendrá después".[43]

Por supuesto que puedes irte de vacaciones o relajarte por un tiempo si lograste un gran éxito, pero resiste la tentación de pensar que ya tienes la vida resulta. El éxito no es algo permanente; es un proceso continuo que consta de mantener buenos hábitos y entrar en acción consistentemente.

Conozco a una persona que pasó de tener un negocio exitoso, casi pasivo, a obtener cero ingresos de la noche a la mañana solo porque pensó que no había más por lograr y descuidó su negocio durante demasiado tiempo. Él aprendió su lección y se recuperó, pero estoy seguro de que tú preferirías nunca encontrarte en una situación similar.

Aquí hay tres sugerencias prácticas que te ayudarán a evitar dormirte en tus laureles, y en su lugar fortalecer tu determinación para seguir esforzándote a pesar de haber alcanzado tus objetivos a largo plazo:

1. Desafíate a ti mismo

Los empresarios prosperan gracias a los desafíos y el crecimiento constante. Si has logrado tus objetivos empresariales iniciales y dejaste de caminar fuera de tu zona de confort, no es de extrañar que no tengas ganas de esforzarte más.

Para entusiasmarte con las nuevas oportunidades y desafiarte a ti mismo, puedes:

- Crear nuevos productos o servicios. Experimenta con diferentes tipos de productos y servicios. Como autor, escribir un libro tras otro puede llegar resultarme tedioso. Para combatir la falta de estímulos comencé a crear cursos en audio y video.

- Incursiona en un nuevo mercado. Vende tus productos en otro país o a un grupo diferente de clientes. Yo traduzco mis libros a varios idiomas.

- Expande tu negocio a otra industria relacionada, idealmente una que converja con tu industria principal. Por ejemplo, si ofreces servicios de consultoría a startups, es probable que también te compren un software especializado.

Cuando te coloques de nuevo en una posición de novato sentirás una renovada sensación de desafío para motivarte a seguir haciendo crecer tu negocio.

Siéntate, toma tu cuaderno o crea un nuevo documento en tu computadora, y haz una lista de posibles nuevos productos, servicios, mercados, industrias, o cualquier otra mejora que puedas hacerle a tu negocio para entusiasmarte con las nuevas oportunidades.

2. Recompénsate

Muchos empresarios se duermen en sus laureles porque ya lograron sus objetivos financieros originales. Agregar más números a su cuenta bancaria ya no es una suficiente motivación, por lo que bajan el ritmo.

Obviamente, el primer paso sería encontrar motivadores intrínsecos y prosociales, pero puedes comenzar con algo más simple: recompensarte para transformar el concepto virtual del dinero en tu cuenta bancaria en algo real.

Gastar dinero en cosas que pueden mejorar significativamente tu felicidad durante mucho tiempo podría ser suficiente para recordarte que has estado trabajando duro en tu negocio por una razón, y esta razón no consiste en algunos dígitos en tu cuenta bancaria, sino en una mejora real de tu calidad de vida.

Yo soy frugal por naturaleza. Esta tendencia a veces afecta negativamente mi motivación porque me siento reacio a gastar dinero en cosas que podrían reavivar la chispa dentro de mí, como viajar.

Durante algún tiempo experimenté una falta de motivación para trabajar. Unos días antes de escribir este párrafo me convencí a mí mismo de no ser tan avaro y compré boletos para un viaje de dos semanas al extranjero.

Como por arte de magia mi motivación regresó de la noche a la mañana; no porque el dinero gastado en el viaje hiciera mella en mis ahorros y sintiera la necesidad de reponerlos, sino porque transformó la sensación virtual de tener dinero en mi cuenta bancaria en una experiencia que sucedió en el mundo real.

Si aún no te has recompensado por tu éxito con algo más sustancial que las cifras en tu cuenta bancaria, considera hacerlo.

Te recomiendo gastarlo en experiencias como viajes o tiempo de calidad con tus amigos y familiares. Numerosos estudios[44, 45, 46, 47] demuestran que las compras de experiencias mejoran la felicidad más y durante un período de tiempo más largo que las compras materiales.

Un automóvil nuevo se hace viejo en unos meses. Un viaje a Hawái con tu pareja permanecerá contigo para siempre. Cuando vuelvas recargado y relajado, es muy probable que dejes de sentirte autosatisfecho y *quieras* desafiarte a ti mismo una vez más.

3. Comienza un nuevo negocio

Si tu negocio ya no requiere de tu intervención personal, considera comenzar un nuevo negocio. Ahora que tienes una entrada estable de ingresos y una amplia experiencia empresarial, la dirección de varias empresas ya no es tan mala idea como lo es para un nuevo emprendedor.

El desafío y la emoción de construir algo desde cero tiene el potencial de resucitar tu energía empresarial y tu ética de trabajo.

Mientras menos relacionado esté tu nuevo negocio con el primero, más estimulante será la experiencia. Te librarás del aburrimiento y te sentirás emocionado de nuevo. Como el exitoso emprendedor Neil Patel escribió en su artículo para Entrepreneur.com titulado "Why You Should Never Start Just One Business" ("Por qué nunca deberías iniciar solo un negocio"), si continúas creando nuevas compañías, nunca tendrás otro día aburrido en tu vida.

También asegura que comenzar múltiples negocios te mantiene renovado. En sus palabras: "Cada vez que comienzas una nueva compañía, aprendes algo nuevo. En mis actividades empresariales he lanzado negocios en industrias de las que no sabía nada. Aprender es la mitad de la diversión, y mantiene a tu mente alerta y renueva tus habilidades".[48]

Mantener la mente alerta es lo opuesto a la peligrosa autocomplacencia que te hace perder la voluntad de crecer.

Por último, pero no menos importante, Neil argumenta que "Una de las peores cosas que puedes hacer con tu experiencia es dejar que se desperdicie. La experiencia está destinada a ser utilizada, compartida y puesta en práctica, no reprimida".

Y eso resume bien por qué no es una buena idea dormirte en tus laureles. Relájate de vez en cuando y disfruta de los frutos de tu trabajo. Sin embargo, no prives al mundo — ni a ti mismo — del don de tu experiencia. Mantente alerta y sigue creciendo.

Agotamiento

Los empresarios que se encuentran atrapados en una rutina, a menudo pierden la voluntad de seguir trabajando en sus negocios. Y como ya hemos aprendido, la falta de entusiasmo mata a la motivación.

Mi experiencia personal sugiere que no puedes forzar tu camino durante un periodo de agotamiento. No desaparecerá de la noche a la mañana. La mayoría de las veces se ha estado gestando en tu interior por mucho tiempo. Sin embargo, esto no significa que debas ir a la deriva y esperar a que todo se resuelva por sí solo sin que tengas que actuar.

La primera acción crucial para combatir el agotamiento es tomar un descanso. No te engañes pensando que harás que el agotamiento desaparezca al trabajar más. Es como tratar de curar una lesión realizando la misma actividad que la causó. Al igual que en los deportes, es hora de tomar un descanso y dejar que tu cuerpo (y tu mente) se recuperen para no agravar aún más la lesión.

Como mínimo, tómate toda una semana libre. Aléjate de tu rutina diaria tanto como tus obligaciones te lo permitan. Yo soy partidario de los viajes, pero en tu caso puede tratarse de cualquier cosa que rompa tu rutina y ponga distancia entre tú y tu negocio.

Durante tu descanso, cuídate. Aliméntate sanamente, duerme todo lo que necesites, desconéctate, ocupa tu tiempo con actividades agradables. Se trata de renovarte, por lo que no debes llevar a cabo ningún trabajo real durante este tiempo.

Si no puedes dejar solo tu negocio, al menos encuentra la forma de trabajar lo menos posible. Este no es el momento para pensar en la salud de tu negocio; aquí la prioridad debe ser tu bienestar.

Si has estado sufriendo de agotamiento por un período de tiempo más prolongado, no esperes que un descanso de una semana te devuelva a un estado óptimo. Podría tomarte un mes, dos, o tres. No puedes revertir años de malos hábitos alimenticios con una semana a dieta, de la misma forma que no puedes combatir el agotamiento a largo plazo con un descanso de siete días.

Una vez que regreses de tus vacaciones, es posible que todavía no tengas ganas de trabajar, pero al menos tu mente y tu cuerpo se sentirán recargados. Es hora de extender cuidadosamente tu resolución haciendo *cualquier cosa*.

El exitoso empresario, programador y escritor Derek Sivers sugiere en su artículo "When You're Extremely Un-Motivated" ("Cuando estás extremadamente desmotivado") que debes comenzar por hacer cosas que has pospuesto durante años, pero que necesitan ser llevadas a cabo. Como resultado, pasarás de no hacer nada a hacer algo, y eso eventualmente te hará sentir ganas hacer algo importante de nuevo.[49]

Este pequeño truco es una buena forma de pasar del período de recuperación hacia la lenta reintroducción de tu rutina anterior. Alternativamente, comienza con tareas simples y rápidas, y extiende poco a poco tu zona de confort hasta que recuperes el ritmo anterior.

Si sufres de un agotamiento que bordea en depresión, habla con un profesional. Los problemas psicológicos más profundos requieren terapia, no un libro de autoayuda.

Decir "sí" a demasiadas cosas

Decir que "sí" a demasiadas cosas es otro desafío común para los empresarios experimentados. Como ya hemos discutido, lanzar un nuevo producto o comenzar un nuevo negocio puede ayudarte si lo que necesitas es un impulso de motivación. Sin embargo, como con todo en esta vida, la moderación es clave. No se trata de abarcar mucho y apretar poco.

A menudo, una vez que tu negocio comience a funcionar sin problemas te sentirás tentado a iniciar nuevos proyectos que siempre has querido poner en marcha. Esto está bien hasta el momento en que llenas todo tu día de trabajo con más trabajo y pierdes el equilibrio.

El objetivo que tanto te ha costado alcanzar — crear un negocio exitoso que te dé la libertad de hacer lo que quieras — te llevará a trabajar aún más, a asumir más responsabilidades, y hasta a dedicar menos tiempo a ti mismo.

Decidiendo capitalizar mi experiencia como autor autopublicado, decidí lanzar, como un proyecto paralelo, un servicio para ayudar a otros escritores a obtener reseñas honestas de sus libros.

Lamentablemente, a medida que pasaron las semanas comencé a gastar cada vez más tiempo y energía en mi negocio secundario a expensas de mis actividades como escritor.

Cuando me di cuenta de que estaba tratando de abarcar demasiado vendí mi segundo negocio.

Recuperé la claridad y llevé a mi empresa de autopublicación al siguiente nivel.

Decir que "sí" a un nuevo proyecto fue fácil. Eliminarlo de mi vida me tomó varias semanas. La experiencia me enseñó que los proyectos secundarios pueden devorar rápidamente tu negocio principal y, si no te das cuenta pronto, pueden canibalizarlo.

Más vale prevenir que curar. Piénsalo muy bien antes de asumir nuevas responsabilidades que podrían ser difíciles de eliminar de tu vida más adelante. Te sugiero seguir estas tres sencillas reglas:

1. Un solo rol exigente y activo a la vez

Esta regla por sí misma te ahorrará muchos problemas. Si estás pensando en comenzar un proyecto secundario, ponlo en marcha solo si tu negocio principal puede seguir creciendo sin tu participación directa. Si tu ausencia lo afectará negativamente, no asumas más responsabilidades.

Si has implementado sistemas, o cuentas con empleados que manejan la operación diaria del negocio y pueden hacerlo crecer sin tu participación activa, eres libre de trabajar en un nuevo proyecto. De lo contrario, encuentra la forma de dejar andando tu negocio sin tu participación antes de pensar en nuevas responsabilidades.

2. Sé un inversor, no un empresario

Uno de los mayores errores que cometí con mi negocio de servicios fue que asumí un papel fundamental en lugar de involucrarme como inversor. Si hubiera contratado a una persona cuya tarea fuera hacer crecer a la compañía bajo mi dirección, no hubiera tenido que comprometerme tanto en el negocio como lo hice.

Si estás pensando en comenzar un nuevo proyecto míralo como si fueras un inversor. ¿Puede funcionar y crecer mientras que tú únicamente supervisas su operación en lugar de tener que trabajar activamente? ¿Puedes desarrollar procesos que minimicen la cantidad de participación personal y activa que necesitas tener?

Si no es posible, es probable que el negocio pronto domine tu día completo. Si estás listo para eso, no dudes en hacerlo. Sin embargo, si estás deseando llevarlo a cabo como un proyecto paralelo, reconsidera la idea.

Esto no significa que no debas iniciar un nuevo negocio si no es posible dirigirlo en piloto automático desde el primer día. Un negocio en crecimiento siempre requiere de al menos alguna participación personal, pero existe una diferencia entre asumir el rol de un dueño que proporciona orientación y ser un CEO activamente involucrado que dirige todo.

3. Piensa a largo plazo

Por último, pero no menos importante, no te dediques a ningún proyecto nuevo sin tener una estrategia de salida, ya sea que eventualmente vendas el negocio, lo automatices, o lo dejes en manos de un gerente. Al no planificar a largo plazo, corres el riesgo de asumir una carga demasiado grande sin tener la opción de deshacerte de la misma rápidamente.

Yo tuve la suerte de haber creado un negocio de servicios que era fácil de vender desde el principio. Si no lo hubiese hecho así habría sido más difícil eliminarlo de mi vida, o habría tenido que asumir las pérdidas y cerrar el negocio en lugar de venderlo, perdiendo todo lo que invertí en él en ese momento.

Ten especial cuidado cuando se trate de obligaciones a largo plazo, como contratos largos, grandes compras necesarias para el negocio, o la contratación de empleados a tiempo completo. Tales cargas pueden atraparte y convertir tu vida en una pesadilla cuando decidas que quieres abandonarlas.

Tres implicaciones viables clave

Estas son tres implicaciones viables para lidiar con los desafíos comunes que enfrentan los empresarios más experimentados:

1. Reenciende la emoción

El logro de todos tus objetivos y el aburrimiento resultante pueden causar que te duermas en tus laureles. Bajar el ritmo por demasiado tiempo provocará que pierdas los hábitos que te han hecho exitoso. Si te dormiste en tus laureles por demasiado tiempo, es hora de establecer un nuevo desafío y hacer que el negocio te resulte emocionante otra vez.

Piensa en un nuevo producto o servicio que puedas lanzar. Considera expandirte a otros mercados o industrias. Por último, si tu negocio ya no requiere de tu participación personal activa, considera lanzar una nueva empresa.

Si te dormiste en tus laureles porque no tienes el hambre de seguir adelante tras haber alcanzado todos tus objetivos financieros a largo plazo, prémiate con una experiencia agradable que transformará las cifras de tu cuenta bancaria en algo real e inspirador. Incluso un viaje corto puede ser suficiente para motivarte a volver a trabajar, de modo que puedas realizar más viajes en el futuro.

2. Tómate un descanso

Para combatir el agotamiento, un descanso prolongado no solamente es recomendable sino obligatorio.

Si sientes nauseas cada vez que piensas en el trabajo es hora de desconectarte, irte de vacaciones y mantenerte lo más lejos posible de las obligaciones empresariales.

No te sientas culpable de no estar trabajando o de que quizá perderás tu ética de trabajo. En este punto, lo importante no es preocuparte por la autodisciplina sino recuperar la salud mental.

Si puedes costearlo y tus obligaciones no restringen tus opciones, reserva un viaje de al menos una semana a algún sitio de tu interés. Un destino ideal es otro país, ya que te proporcionará nuevos estímulos y te ayudará a dejar de pensar en el trabajo. Si no puedes simplemente hacer tus maletas e irte de viaje, concéntrate en tu cuidado personal diario. Duerme lo suficiente, pon tu dieta en orden, haz ejercicio, dedica tiempo a tus hobbies, y pasa tiempo de calidad con tus seres queridos.

3. Despeja tu vida empresarial

Haz una evaluación de tus responsabilidades empresariales. Pregúntate cuáles puedes mantener a largo plazo, y cuáles representan demasiado trabajo, pero aportan poco en términos de beneficios.

A continuación, encuentra cómo eliminar las responsabilidades innecesarias y priorizar las que deberían estar en primer plano.

DESAFÍOS COMUNES DE AUTODISCIPLINA ENTRE LOS EMPRESARIOS EXPERIMENTADOS: BREVE RESUMEN

1. Los empresarios experimentados pueden sentir la tentación de dormirse en sus laureles, creyendo que ya no tienen que esforzarse para mejorar. Si bien no hay nada de malo en celebrar el éxito, puede llegar a ser dañino para tus resultados a largo plazo cuando das tu negocio por sentado y caes en malos hábitos.

2. Las tres principales formas de evitar dormirte en tus laureles son: establecer nuevos desafíos al crear nuevos productos y servicios o incursionar en nuevos mercados e industrias, premiarte (si has estado tomándote las cosas con calma debido a la falta de motivación), y comenzar un nuevo negocio (si necesitas de un nuevo desafío).

Cuando te vuelvas demasiado autocomplaciente, recuerda que dar las cosas por hecho nunca termina bien, especialmente en los negocios.

3. El agotamiento es otro desafío común que enfrentan los empresarios experimentados. Si estás atrapado en una rutina, escapa de ella al tomar un largo descanso. Aprovéchalo para viajar, nutrirte al mantener hábitos saludables, y dedicar tiempo a hobbies y actividades que te hagan sentir bien. Haz a un lado la culpa por no trabajar y recarga tus baterías.

Cuando te sientas descansado, poco a poco extiende tus alcances al realizar pequeñas tareas que te llevarán de la inactividad a hacer *algo*, aun si no se trata de algo particularmente urgente o importante.

4. Decir que "sí" a demasiadas cosas puede provocar que te sientas abrumado y cansado por todas las responsabilidades que debes asumir.

Lo principal que debes recordar en lo que respecta a abarcar demasiado es que, es fácil decir "sí", pero es difícil decir "ya no" una vez que has asumido la nueva obligación. Por esta razón, es fundamental que seas extremadamente cuidadoso y consciente al considerar comenzar nuevos proyectos.

Para evitar tener semanas de trabajo de cien horas, sigue tres simples reglas:

1. No tengas más de un rol activo y exigente en un negocio. Si eres el CEO de una compañía, no inicies otra hasta que tu negocio principal pueda crecer sin ti.

2. Piensa como un inversor en lugar de un empresario. Si tienes un negocio y quieres comenzar otro como un proyecto paralelo, estructúralo desde el principio como una compañía en forma, en lugar de como una operación de una sola persona. El objetivo es trabajar *en* la compañía en lugar de trabajar *para* la compañía.

3. Ten una estrategia de salida. No comiences un nuevo proyecto solo porque será divertido. Analiza posibles oportunidades futuras para salirte del negocio en caso de que ya no quieras invertir tu energía en él o cuando empiece a distraerte demasiado de otras prioridades.

Capítulo 7: Preguntas frecuentes relacionadas con la autodisciplina

Las preguntas que voy a responder provienen de mis lectores que me han compartido sus desafíos y problemas más comunes. Por una razón u otra no pude responderlos en capítulos anteriores, así que decidí cubrirlos todos en el último capítulo del libro.

Ten en cuenta que no puedo abordar todos los desafíos posibles, pero a menudo la solución a un problema puede ayudar a hacer frente a otro tipo de dificultad. Además, muchas preguntas y sugerencias posteriores son lo suficientemente amplias como para cubrir diversas cuestiones relacionadas.

Debido a la cantidad de temas que trataremos en este extenso capítulo, las implicaciones viables aparecerán justo después de cada pregunta en lugar de al final del capítulo. Por lo tanto, el resumen breve al final del capítulo cubrirá solo los puntos más esenciales.

Sin más preámbulos, comencemos.

P: ¿Cómo mantengo la autodisciplina al realizar tareas mentales o no creativas, como la contabilidad?

La respuesta es delegar.

Incluso la mejor operación de una sola persona puede beneficiarse al delegar algunas tareas a otras personas.

Tiene poco sentido hacer uso de tu fuerza de voluntad para obligarte a trabajar en tareas que no son tu fuerte, como la contabilidad, diseño gráfico, o programación. Hacer cosas que odias agotará la energía que podrías haber utilizado en las tareas clave. Tan pronto como puedas costearlo, delega cada tarea de negocios que no sea tu punto fuerte.

Si no puedes permitirte delegar ciertas tareas, hazlo todo en un día poco ocupado, como los fines de semana. De esta forma, no ocuparán tu mente durante la semana laboral cuando deberías concentrarte en las prioridades.

Por último, pero no menos importante, si no puedes permitirte el lujo de delegar tareas que te resultan aburridas o molestas, trata de encontrar algún disfrute de ellas o recuerda por qué son útiles.

Por ejemplo, en una ocasión necesitaba crear una larga lista de clientes potenciales para una de mis empresas. Esto requirió innumerables horas de recopilación de datos. Pude haberme quejado de lo mucho que lo odiaba, y durante un tiempo lo hice. Entonces me recordé que la hoja de cálculo en la que estaba trabajando era importante. Puede que no me haya gustado recopilar datos, pero el resultado final (una lista de clientes potenciales) me haría ganar dinero.

Cambiar mi actitud no cambió el hecho de que tenía que hacer esta tarea, pero al menos me sentí mejor al hacerlo. Es tu elección cómo te hace sentir tu trabajo.

Implicaciones viables

Averigua qué tarea ocupa la mayor parte de tu tiempo o energía y delégala a otra persona. Si aún no has delegado las actividades de contabilidad a un profesional, encárgate de esto primero. Aun si eres un contador profesional, tu trabajo como empresario es hacer crecer tu negocio, no preocuparte por el papeleo.

Si ya has delegado estas tareas, considera la posibilidad de delegar las tareas administrativas simples que más tiempo consumen, como la captura de datos, o las labores que no son tu fuerte, como el diseño gráfico o la programación.

Si no puedes permitirte la opción de delegar, asigna un día a la semana en el que te harás cargo de todas las tareas que odias hacer pero que deben realizarse.

Por último, si no puedes delegar ciertas tareas, intenta cambiar tu actitud con respecto a ellas. Tú tienes el control sobre cómo estas tareas te hacen sentir, así que busca la forma darles algún significado, o encuentra cómo hacerlas divertidas.

P: ¿Cómo puedo continuar motivado cuando me siento desanimado?

Todos los empresarios constantemente tienen que aprender cosas nuevas y superar los desafíos para mantenerse en óptimas condiciones. Acostúmbrate a esto; un empresario debe ser capaz de prosperar a pesar de las dificultades.

Para mantener la resolución cuando las cosas se ponen difíciles y te sientes desanimado, la prevención — establecer las expectativas correctas — es la clave. Ten cuidado con el síndrome de la falsa esperanza, un ciclo de fracaso y esfuerzo renovado en el que las personas tienen expectativas poco realistas de cambiarse a sí mismas.[50]

Este problema es particularmente común entre los empresarios con poca o ninguna experiencia empresarial que establecen metas casi imposibles de lograr.

No me malinterpretes. Es bueno pensar en grande. Sin embargo, existe una delgada línea entre pensar en grande y ser poco realista, y podría ser difícil notar la diferencia si no tienes mucha experiencia en los negocios.

En términos generales, es una buena idea resignarse al hecho de que:

1. Es muy poco probable que tu primer negocio tenga un gran éxito.

Funders and Founders, una compañía de diseño especializada en infografías ha creado numerosas infografías en las que muestran las rutas de los empresarios más exitosos.[51] Algo que puedes aprender de estas infografías es que cada empresario tuvo que hacer al menos un par de intentos antes de lograr un gran éxito.

Por ejemplo, el multimillonario británico Richard Branson y el multimillonario estadounidense Mark Cuban iniciaron cuatro compañías antes de poder ganar su primer millón.

Cuando reconozcas que tu primer negocio probablemente no tendrá mucho éxito te ahorrarás una decepción que podría arruinar tu resolución.

Pero esto no significa que debas esperar que tu empresa te lleve a la quiebra. Las fallas espectaculares ocurren en raras ocasiones. Es más probable que pierdas algo de dinero o que al menos recuperes tu inversión. Sin embargo, no permitas que la falta de éxito te impida iniciar una empresa. Perder algo y ganar algo es parte del proceso para obtener experiencia.

2. Es raro que una persona joven con poca o ninguna experiencia laboral inicie un negocio que cubra todos sus gastos de subsistencia en unos meses. Lleva años desarrollar la ética de trabajo y mentalidad adecuadas, así como adquirir el conocimiento suficiente para lanzar una empresa exitosa.

Si eres joven e inexperto, acepta el hecho de que tu jornada probablemente tomará algunos años antes de que puedas llamarte un empresario de tiempo completo y tener los ingresos para demostrarlo.

Me llevó casi siete años madurar como empresario (y sí, también me engañé pensando que no me tomaría tanto tiempo). Mi historia no es rara; la mayoría de los empresarios que conozco pasaron por un proceso similar.

Las cosas son más esperanzadoras para las personas que poseen habilidades comercializables y una ética de trabajo desarrollada a partir de un empleo fijo. Trabajar para alguien más puede no ser lo que quieres, pero sin duda es una base sólida para la transición al trabajo autónomo.

De acuerdo con el informe de 2015 de *Freelancing in America*, el 60% de los trabajadores independientes que dejaron su empleo ahora ganan más, y de ellos, el 78% indicó que en un año o menos ganaron más al trabajar de forma independiente que en su empleo fijo.[52]

Ahora, estos números pueden no ser una muestra 100% representativa. Sin embargo, demuestran que no es raro que las personas que ya poseen habilidades construyan un negocio exitoso, incluso en un año.

3. Se supone que las cosas son difíciles. Si no lo fueran, más personas serían empresarios exitosos. Las dificultades son como una prueba de iniciación y algunas personas entran al mundo empresarial mientras que otras son dejadas fuera.

Si comienzas tu jornada suponiendo que va a ser pan comido, te espera una desagradable sorpresa. Te recomiendo leer al menos algunas biografías de empresarios exitosos para comprender que obtener experiencia empresarial temprana es sinónimo de constantes desafíos y fracasos.

Luego de establecer las expectativas correctas y reconocer la realidad, otra forma de mantenerte motivado cuando existen dificultades es encontrar disfrute en el proceso.

Cuando cambies tu actitud de "seré feliz cuando gane X cantidad de dinero con mi negocio" a "estoy agradecido de haber emprendido esta jornada, los resultados llegarán pronto", será más fácil enfrentar los tragos amargos. Ten en mente tu objetivo, pero no te olvides de apreciar tus logros actuales, sin importar cuán modestos sean.

Por último, pero no menos importante, cada vez que te encuentres en una situación difícil y tu motivación se esté agotando, recuerda que una vez que superes tus problemas tendrás una gran historia que contar.

Uno de mis negocios me dejó en deuda. Era difícil pensar positivamente cuando estaba constantemente preocupado acerca de cómo mantener mi negocio a flote *y* salir de la deuda. Lo que me ayudó a mantenerme motivado fue recordarme que eventualmente podría resolver estos problemas, y esto me haría una persona más fuerte. También tendría una gran historia inspiradora para compartir. Suena trillado, pero esos recordatorios pueden hacer una gran diferencia cuando te sientes derrotado.

Implicaciones viables

Establecer las expectativas correctas es la clave para evitar grandes decepciones.

Lee algunas historias reales de empresarios exitosos para comprender el largo proceso que se necesita para hacerla a lo grande. Para informarte acerca de cuánto tiempo le toma a una persona normal alcanzar el éxito, busca también las historias de personas comunes y corrientes. Los blogs y foros para emprendedores están llenos de tales historias.

Si ya te sientes derrotado, cambia tu actitud. Céntrate en lo que va bien (aun si es algo pequeño) y recuerda que es una fase, no una situación permanente.

P: ¿Cómo mantengo la autodisciplina cuando todos dicen que no?

Todos aquellos que alguna vez han trabajado en ventas saben lo desgastante que puede ser escuchar un "no" tras otro. Cuantos más rechazos enfrentas, menos motivado te sientes. ¿Cómo asegurarte de que no te darás por vencido incluso cuando todos dicen que "no"?

1. Asigna un valor monetario a un "no"

El aspecto más negativo del rechazo constante es que te hace sentir que no estás llegando a ninguna parte. Y si no obtienes resultados por mucho tiempo, el desaliento te invade sigilosamente. Si ya has recibido algunos "sí" — incluso solo unos pocos — puedes estimar la relación entre las respuestas "sí" y "no" que has recibido, y asignarle a los "no" un valor monetario.

Por ejemplo, si cada "sí" significa una venta equivalente a $100 dólares, y recibes un "sí" por cada cien llamadas, entonces cada rechazo "genera" el equivalente a un dólar, porque es un "no" que te acerca a un "sí" de $100 dólares.

Obviamente, las estadísticas no tienen que funcionar exactamente como en este ejemplo, pero eso es irrelevante. Lo que importa es que asignar un valor monetario a un "no" te hace sentir que estás logrando algo. Ya no es una empresa infructuosa, sino un proceso que finalmente conduce al éxito.

Recuerda las palabras de Thomas Edison: "No fracasé. Solo descubrí 10,000 maneras que no funcionan". Cada uno de esos fracasos fue una inversión valiosa para el eventual resultado.

2. Céntrate en la acción en sí

Yo solía ser una persona extremadamente tímida. Para superar mi timidez paralizante me obligué a acercarme a las mujeres en la calle. Como probablemente te podrás imaginar, la mayoría de las mujeres que son abordadas por un extraño lo rechazarán inmediatamente. Si me hubiera centrado exclusivamente en el resultado pronto me habría dado por vencido, avergonzado por todos los rechazos.

En consecuencia, mi objetivo principal no era encontrar una pareja, sino simplemente acercarme a las mujeres a pesar del miedo. Lo que sucedió después de que pronuncié las primeras palabras no es lo importante. Sin embargo, dado que no estaba esperando un resultado en particular, realmente me fue bien y recibí reacciones positivas.

Una vez que superé el miedo y me sentí cómodo al acercarme a las mujeres, los resultados vinieron de manera natural como un subproducto de haberme enfocado en el acercamiento en sí.

Intenté el mismo acercamiento (¡perdón por el juego de palabras!) en los negocios. En lugar de centrarme en el resultado final, me aseguré de ayudar a un posible cliente tanto como fue posible. Por supuesto, es más difícil no apegarte a los resultados cuando estás en la ruina y necesitas realizar una venta, pero aun así, *es* posible. Esfuérzate por enfocarte en el intento en sí mismo y ayudar a un posible cliente. En la mayoría de los casos proyectarás un aura de confianza que los atraerá.

3. Evita oír "no" por completo

En muchos negocios, las personas se basan en las técnicas de marketing de fuerza bruta. En lugar de atraer a la gente, los presionan a comprar sus productos. Si bien este enfoque puede funcionar en algunas industrias, los consumidores rechazan cada vez más las ventas agresivas. Cada vez menos personas se alegran de recibir llamadas o correos electrónicos de ventas no solicitados.

Aquí entra la mercadotecnia de permiso: un tipo de marketing en el que el cliente potencial acude a ti y no al revés. ¿Cuándo fue la última vez que un cirujano plástico te llamó para que probaras una nueva cirugía plástica? Los pacientes buscan a los cirujanos y no al revés.

Posiciónate como un experto en tu industria u ofrece algunos de tus productos o servicios de forma gratuita y tú también podrás convertirte en ese cirujano.

Yo he puesto algunos de mis libros y otros materiales disponibles de forma gratuita. Los lectores potenciales pueden familiarizarse con mi trabajo sin ningún riesgo. Si están listos, pueden comprar otros productos. No estoy cazando clientes en internet, buscando nuevos lectores potenciales y pidiéndoles que compren mis libros. En consecuencia, no tengo que escuchar un "no".

Lee las obras de Seth Godin o el libro de Perry Marshall *80/20 Sales and Marketing* (80/20 Ventas y Marketing) para aprender más sobre cómo lograr que las personas se acerquen a ti. No solo escucharás "no" con menos frecuencia, sino que también obtendrás mejores resultados al trabajar menos horas.

Implicaciones viables

Si tienes que realizar telemarketing y ya obtuviste algunos "sí", asigna un valor monetario a cada "no". Calcula cuántos "no" necesitas escuchar antes de obtener un "sí", calcula el valor de un "sí" promedio y divídelo por el número de respuestas "no". Ya está, ahora sabes cuánto vale aproximadamente cada "no" y qué tan cerca estás de otra venta.

Además de la primera técnica, también puedes cambiar tu actitud para centrarte en la acción en sí — como hacer una llamada — en lugar de en un resultado particular. No tener expectativas es a menudo más beneficioso que apegarte a un resultado en particular (como una venta) y rara vez obtenerlo.

Por último, pero no menos importante, si no puedes manejar la cantidad de respuestas "no" que oyes a diario, aprende más sobre la mercadotecnia de permiso. Piensa en cómo atraer a las personas en lugar de perseguirlas.

P: ¿Cómo me mantengo motivado cuando lo único que puedo hacer es esperar?

En muchas empresas a menudo tienes que esperar a que otra persona entregue tu producto (tu contratista, fabricante, compañía de envío), dé luz verde para liberarlo (tu socio comercial, una agencia gubernamental, un distribuidor), o firme un contrato para comprar tu solución (un cliente).

Cuando hay poco que puedas hacer para acelerar las cosas, no puedes ser proactivo, y esto podría provocar que dudes de ti mismo.

Existen dos formas principales de lidiar con este problema.

La primera es ocuparte de tareas que quizá no sean particularmente importantes pero que deben realizarse. Puede ser el momento perfecto para trabajar en todas estas pequeñas tareas que previamente no habías logrado obligarte a hacer. Capturar datos u otro trabajo administrativo podría ser justo lo que necesitas para ocupar tu mente mientras esperas una decisión, el producto terminado, o un envío.

La segunda forma de mantenerte motivado es enfocar tu mente en otra cosa. Ya que no puedes hacer mucho durante el período de espera de todos modos, ¿por qué no utilizarlo como una oportunidad para tomar un descanso o nutrirte? Encuentra un desafío deportivo, aprende una nueva habilidad, o simplemente pasa algo de tiempo con tus amigos y familiares.

Implicaciones viables

Si hay poco que puedas hacer para que las cosas se muevan más rápido, ocúpate de las pequeñas tareas empresariales que deberías haber llevado a cabo hace mucho, pero que siempre pospones. Si no tienes ninguna de esas tareas, tómate un descanso. La clave es dejar de pensar en la espera y hacer otra cosa.

P: ¿Cómo puedo aumentar mi confianza cuando el negocio está en declive?

El mundo empresarial puede ser una vertiginosa montaña rusa. Un día estás arriba, al siguiente sientes el corazón en la garganta cuando la aceleración te empuja contra el asiento.

¿Qué hacer para lidiar con la falta de confianza cuando tu negocio va en declive? O más importante: ¿cómo puedes evitar o minimizar el desánimo cuando el negocio va lento?

Aquí hay siete soluciones.

1. Ten ahorros

Cuanta menos seguridad financiera tengas, más fuerte será el golpe a tu confianza cuando tu negocio vaya en declive. Una cosa es que el negocio vaya lento y todavía tienes algunos ahorros, pero es muy diferente cuando no puedes pagar las cuentas. En el primer caso aun puedes pensar con claridad, pero en el segundo es fácil desesperarte y empeorar tu situación.

Por lo tanto, un fondo de emergencia que cubra por lo menos tres a seis meses de tus gastos de mantenimiento regulares es una necesidad. Si aún no lo tienes, comienza a ahorrar un porcentaje de tus ingresos cada mes para crear un fondo para mantenerte a ti y a tu familia durante los períodos más lentos.

2. Diagnostica y actúa

Cuando los negocios bajan, puedes comenzar a sentirte desalentado y resignado. En lugar de sumirte en emociones negativas, olvídate de ellas y trata de determinar el motivo por el cual no le está yendo bien a tu negocio.

Una vez que hagas una lista de posibles razones, toma medidas al respecto. El simple hecho de entrar en acción te ayudará a recobrar el control de la situación y recuperar algo de confianza en ti mismo.

3. Mantente alerta y operacional

Cuando el negocio va lento puedes sentirte tentado a tratar de reducir tus pérdidas. El dueño de una tienda física la cerrará temprano porque "de todos modos, nadie va a venir". El propietario de un negocio en línea tardará más tiempo en responder a sus posibles clientes porque "después de todo, ¿qué diferencia hará?"

Tal actitud no ayuda a mejorar la situación. Todo lo contrario, en realidad la empeora y reduce las posibilidades de que aproveches las oportunidades cuando estas surgen.

Cada vez que te encuentres en una mala situación comercial, es hora de mejorar tu estrategia. Mantente operacional y alerta para encontrar las posibles oportunidades de cambiar de rumbo.

4. Da prioridad al crecimiento en lugar de recortar tus gastos

Cuando pierdes la confianza en tu capacidad para hacer crecer tu negocio, es muy probable que te sientas tentado a recortar la cantidad de gastos lo más posible. Esta puede ser una buena solución únicamente si la implementas con cuidado y para gastos genuinamente innecesarios.

Desafortunadamente, muchos empresarios se desesperan demasiado y, en lugar de buscar nuevas formas de aumentar sus ingresos, se centran casi exclusivamente en escatimar y ahorrar. Como resultado, la calidad de sus productos disminuye, la moral de su equipo se ve impactada, y todo el negocio se va haciendo más pequeño a medida que la "optimización de costos" se lo come poco a poco.

Lo único que resulta de dar más prioridad a la optimización de costos en lugar de priorizar el aumento de tus ganancias es una desaceleración en el declive del negocio, pero no ayuda mucho a revertir esa tendencia.

Para recuperar el control sobre una mala situación, resiste la tentación de recortar tus gastos tanto como te sea posible y, en su lugar, concéntrate en encontrar cómo puedes hacer crecer tu negocio.

Velo de la siguiente manera: solo puedes recortar cierto número de gastos, pero tu potencial de ingresos es ilimitado.

5. Haz ajustes y experimenta

Sin importar si las cosas van bien o no, es de vital importancia que inviertas algunos de tus recursos en innovaciones. Hacer ajustes y experimentar puede ayudarte a descubrir nuevas fuentes de ingresos, tendencias que puedes utilizar para hacer crecer tu negocio, o un nuevo mercado en el que puedas convertirte en líder.

Cuando el negocio es lento es de especial importancia que sigas probando cosas nuevas y encontrando soluciones para los procesos existentes. Ocuparte de estas mejoras mantendrá tu espíritu en alto, y te dará la esperanza que es esencial para mantenerte motivado a pesar de los obstáculos y reveses.

6. Renueva tu perspectiva

Traer una nueva perspectiva a tu negocio puede ayudarte a volver a encontrar tu camino.

No necesariamente tienes que contratar a un nuevo empleado. Una nueva perspectiva puede provenir de un amigo al que le pidas su opinión, o de colegas profesionales en un foro de empresarios a quienes les pidas consejos. También puede provenir de ti mismo cuando te vas de vacaciones, recargas las pilas y vuelves con nuevos conocimientos y una energía renovada para reavivar tu empresa.

7. Aumenta tu autoestima

Como ya hemos discutido, muchos empresarios tienden a asociar su autoestima con el desempeño de su negocio. Cuando el negocio no va bien, tu autoestima sufre un golpe también. Cuando tienes baja autoestima, es más difícil mantener tu resolución, por lo que es fundamental que aumentes tu autoestima tanto como puedas mientras trabajas en la reparación de tu negocio.

Te sugiero que tengas uno o dos pasatiempos desafiantes que puedas practicar para despejar tu mente e impulsar tu bienestar.

Si tu negocio es el más grande, o peor aún, el *único* factor que define tu autoestima, una crisis puede causar estragos en tus niveles de autodisciplina. Si tienes varias cosas que contribuyen a tu sentido de estima serás más resistente a las crisis.

Implicación viable

Te acabo de dar siete formas prácticas de lidiar con la baja confianza en ti mismo cuando tu negocio no funciona. El resultado final, y en última instancia, la implicación viable más importante que puedes obtener de este subcapítulo es que cuando tu negocio deja de funcionar es momento de ser aún más proactivo. Si bajas la guardia, recibirás golpes aún más fuertes.

Si en este momento te encuentras en una situación así, serénate, programa un temporizador por treinta minutos y haz una lista de las medidas que puedes tomar para poner a tu negocio de pie otra vez.

No importa si tu negocio está sufriendo debido a una crisis económica o cualquier otra circunstancia fuera de tu control. Siempre existe algo que puedes hacer para arreglar la situación, y siempre es mejor que la resignación.

P: ¿Cómo supero los ataques cortos de postergación?

Te sientas frente a tu computadora y miras tu lista de pendientes. Sabes lo que es necesario hacer, pero por alguna razón no puedes resolverlo. Simplemente no puedes.

Los ataques cortos de postergación son distintos a la postergación a largo plazo. En el segundo caso, pospones las cosas por días o semanas. Si bien puedes eliminar casi completamente este tipo de postergación de tu vida, suprimir los cortos estallidos intensos de inercia no es factible. A veces, tales días simplemente suceden.

En mi caso, en lugar de tratar de motivarme, lo que generalmente me ayuda es tratar de ganar *impulso*.

Cuando le pregunté al exitoso autor y experto en fitness, Derek Doepker, cuál era su principal estrategia para la persistencia, respondió "Simplemente me pregunto: '¿Puedo tan solo...?' y luego inserto una acción tan sencilla que soy capaz llevarla a cabo sin importar cuán desmotivado me sienta.

"¿Alguna vez has notado que es *después* de empezar a hacer algo *cuando* sientes ganas de seguir adelante? En lugar de tratar de encontrar la motivación, trata de obtener impulso. La motivación llegará de forma natural. El éxito llama al éxito. Cada vez que logres incluso una pequeña victoria, tu sentido del logro y el deseo de hacer más, crecerá."[53]

De hecho, utilicé este pequeño truco justo antes de escribir estas palabras. Tenía dificultades para motivarme a empezar a escribir, así que comencé por verter algunas palabras en la página. Pasada una hora había cumplido mi cuota diaria de palabras casi como por arte de magia.

Implicación viable

Cualquiera que sea tu tarea, iníciala, quizá no con la intención de terminarla sino solo para obtener impulso. La mayoría de las veces, dar los primeros pasos es todo lo que necesitas para superar la postergación y recuperar la motivación.

P: ¿Cómo encuentro la fuerza de voluntad para trabajar en mi negocio cuando tengo un empleo fijo y otras obligaciones?

Trabajar en tu negocio es bastante difícil, y es aún más difícil cuando tienes un empleo fijo y otras obligaciones. Ahora, no me malinterpretes, esta no es una excusa válida. Mucha gente ha estado en la misma situación y ha encontrado la forma de hacerlo. Tú también puedes lograrlo.

Podría darte muchos consejos sobre cómo hacer más tiempo durante el día, pero al final de cuentas solo existe un consejo sumamente efectivo que definitivamente debes implementar en tu vida: la jornada laboral de una hora.

Antes de que me llames loco pensando que seguramente he perdido el rumbo, por favor escúchame. A todos nos gusta pensar que estamos trabajando arduamente y que, en definitiva, no tenemos suficiente tiempo como para incluir todo en nuestra apretada agenda. En realidad el problema no es no tener suficiente tiempo, sino no contar con el suficiente tiempo *libre de distracciones*.

Te sorprendería lo mucho que podrías lograr si solo pasaras sesenta minutos trabajando de una forma verdaderamente enfocada con *cero* distracciones

A lo largo de todo el libro he enfatizado mucho el hecho de que la construcción de tu negocio debe ser ante todo sostenible, porque es la clave de la productividad. No seas víctima de la glamorosa semana laboral de cien horas que quizá te haga verte como un héroe, pero al final conduce a una disminución de la productividad, al agotamiento, a enfermedades o, en el peor de los casos, incluso a la muerte (*karōshi,* o "muerte por exceso de trabajo" es un peligro real en Japón[54]).

Jeffrey J. McDonnell, profesor de la School of Environment and Sustainability de la Universidad de Saskatchewan en Saskatoon, Canadá, escribió un artículo titulado "The One-Hour Workday" ("La jornada laboral de una hora") en el que elogia el poder de llevar a cabo pequeñas cantidades de escritura enfocada todos los días.[55]

Como señala McDonnell en el artículo, a pesar de que trabajaba como loco, su productividad, medida por la producción en papel, era escasa. Fue solo cuando implementó la jornada de trabajo de una hora — una hora de escritura enfocada todas las mañanas — que finalmente pudo obtener resultados.

Mi jornada laboral de una hora es similar. Si estoy escribiendo un nuevo libro, se trata de escribir mil palabras al día. Si estoy editando un libro, se trata de editar un capítulo al día. Incluso si no logro nada más sigue siendo un día productivo.

¿Cuál es tu jornada laboral de una hora? Descubre una tarea clave que te ayudará a hacer crecer tu negocio y enfocarte en él durante tu hora mágica. Si te atienes a esa rutina todos los días — y una hora al día es manejable, ¿no? — los resultados te sorprenderán.

La clave para lograr que esta estrategia funcione es encontrar al menos una hora libre de distracciones. Te recomiendo levantarte temprano — a las 5:00 o a las 6:00 a.m. — para encontrar el momento más tranquilo del día.

Incluso si te consideras un ave nocturna, te insto a que experimentes con levantarte muy temprano. Yo solía quedarme despierto hasta las 3:00 a.m. Actualmente me levanto a las 5:00 a.m. y termino todas mis tareas clave (higiene diaria, ejercicio, trabajo) antes de las 9:00 a.m.

Implicación viable

En este momento programa tu despertador al menos una hora antes de lo habitual. A partir de mañana, protege a la primera hora de tu día como el momento más sagrado de tu vida.

Dedica una hora entera a trabajar en la tarea más importante que impulsará a tu negocio. Aun si no puedes darte el lujo de dedicar más tiempo a tu negocio, te llevará más cerca de lo que imaginas a alcanzar tu meta.

PREGUNTAS FRECUENTES RELACIONADAS CON LA AUTODISCIPLINA: BREVE RESUMEN

1. Si se te dificulta mantener la autodisciplina cuando estás trabajando en tareas menos importantes, encuentra la manera de delegarlas. Si no puedes hacerlo, agrúpalas y llévalas a cabo en un solo día. Cambiar tu actitud con respecto a estas tareas —encontrar un significado y utilidad en ellas en lugar de quejarte de lo aburridas y poco creativas que son— también te ayudará.

2. Es fácil perder la motivación cuando las cosas son difíciles y pareciera que nunca vas a lograr tus objetivos. La clave para mantener tu espíritu en alto es tener las expectativas correctas. Por ejemplo, investiga con qué frecuencia una persona común alcanza el objetivo que tú deseas lograr, en lugar de asumir que puedes lograrlo de una forma imposiblemente rápida.

Además, no olvides que es el proceso lo que te hace exitoso. Apréyalo por todo lo que trae a tu vida, incluyendo los desafíos.

3. Escuchar que "no" todo el tiempo puede quebrantar la determinación de hasta las personas más disciplinadas. La mejor forma de enfrentar el rechazo es centrarte en la propia acción y dejar de engancharte al resultado.

4. Si te encuentras en una situación en la que todo lo que puedes hacer es esperar, ocúpate de las tareas que has postergado por mucho tiempo. Obsesionarte con el hecho de que tienes que esperar puede generar dudas y desaliento. Alternativamente, aprovecha la oportunidad para tomarte un descanso rápido y regresar con energía renovada.

5. La clave para lidiar con un estado emocional negativo cuando tu negocio no va bien es mantenerte proactivo. Si permites que la resignación tome el control de tu vida, da lo mismo que te des por vencido ahora. Entra en acción — cualquier tipo de acción — para salir del bache en lugar de cavar uno más profundo.

6. Si te resulta difícil iniciar tus tareas cotidianas, intenta comenzar a trabajar sin tener la expectativa de terminar una determinada actividad. Simplemente

escribe las primeras palabras, envía un correo electrónico a un cliente, escribe la primera línea de código o lo que sea necesario para comenzar a trabajar. En la mayoría de los casos, en unos minutos ganarás impulso para continuar.

7. Tener un empleo fijo y otras obligaciones puede hacer que se te dificulte trabajar en tu negocio. Sin embargo, esto no significa que sea una buena excusa para no ser autodisciplinado. Utiliza el poder de "la jornada laboral de una hora" para garantizar un avance constante, aunque sea lento. Levántate temprano y dedica los sesenta minutos completos a trabajar en la tarea más importante sin distracciones. Aun si es todo el tiempo que puedes dedicar diariamente para hacer crecer tu negocio, una hora concentrada de trabajo al día puede traer resultados extraordinarios.

Epílogo

Considero que los empresarios son el alma de nuestro mundo moderno y necesitan de todo el apoyo que puedan obtener. Escribí este libro para agregar mi pequeña contribución y ayudarte a obtener conocimientos prácticos para mejorar tu autodisciplina y facilitar tu vida como empresario.

La vida de un empresario puede ser ardua, pero las recompensas valen la pena. Pocos estilos de vida pueden proporcionarte tantas experiencias enriquecedoras como la construcción de tu propio negocio. Del mismo modo, no existe otra cosa que ponga a prueba tu persistencia y autodisciplina tanto como el trabajo por cuenta propia, cuando eres la única persona responsable de tu éxito.

A manera de un breve resumen final, quiero que recuerdes que:

- Todo comienza con la motivación adecuada. Si eres un empresario por naturaleza, lo más probable es que no carezcas de una razón sólida por la que deberías continuar, pero aún vale la pena considerar varios motivadores adicionales para fortalecer tu resolución.

- Tu entorno da forma a tu vida. Tú eliges quiénes son tus amigos, qué libros lees, cómo pasas tu tiempo, y qué conductas exhibes diariamente.

- Haz que tu vida sea más que solo una iniciativa empresarial. Trabajar en tu negocio es adictivo, pero no debe ser el único amor de tu vida. Recuerda que trabajas para vivir, no vives para trabajar.

- La dedicación y el enfoque son las claves del éxito. En nuestro acelerado mundo es cada vez más difícil mantener el enfoque en una sola cosa y comprometernos, pero tú no te has convertido en empresario porque quieres ser como todos los demás, ¿verdad?

- Ser proactivo es vital para desarrollar una actitud adecuada. Los empresarios no *esperan* a que las cosas sucedan, ellos *hacen* que sucedan.

Quiero que sigas creando cosas nuevas, comenzando nuevos proyectos, o mejorando tus negocios existentes y cambiando el mundo para mejor con tu energía y espíritu emprendedor únicos.

Sigue adelante a pesar de lo que la vida te depare, di "no" a las cosas que ponen en peligro tus resultados a largo plazo, y esfuérzate por mejorar tu autodisciplina. Solamente al mantener una fuerte ética de trabajo y sentirte cómodo con la incomodidad, podrás seguir logrando cada vez más en tu vida empresarial y personal.

Espero que nos veamos en mis otros libros, en los que aprenderás a mejorar otros aspectos de tu vida y lograr el éxito definitivo. ¡Buena suerte!

Suscríbete a mi boletín informativo

Me gustaría seguir en contacto contigo. Suscríbete a mi boletín y podrás escuchar acerca de mis nuevos lanzamientos, recibirás artículos gratuitos, podrás participar en sorteos y recibirás otros correos electrónicos valiosos creados por mí.

Aquí está el enlace para suscribirte:
http://www.profoundselfimprovement.com/boletin

¿Podrías ayudar?

Me gustaría escuchar tu opinión sobre mi libro. En el mundo editorial existen pocas cosas más valiosas que las reseñas honestas de una amplia variedad de lectores.

Tu reseña ayudará a otros lectores decidir si mi libro es para ellos. También me ayudará a llegar a más lectores al incrementar la visibilidad de mi libro.

Sobre Martin Meadows

Martin Meadows es el seudónimo de un autor que ha dedicado su vida al crecimiento personal. Constantemente él se reinventa al hacer cambios drásticos en su vida.

A lo largo de los años, él: ha ayunado regularmente por más de 40 horas, se ha enseñado a sí mismo dos lenguas extranjeras, ha perdido más de 13 kilos en 12 semanas, ha manejado varios negocios en diferentes industrias, ha tomado baños de agua fría, ha vivido en una pequeña isla tropical en un país extranjero por varios meses, y escrito en un mes el equivalente a una novela de 400 páginas en pequeñas historias.

Aun así, la auto-tortura no es su pasión. A Martin le gusta probar sus límites para descubrir qué tan lejos llega su zona de confort.

Sus hallazgos (basados en experiencias personales y estudios científicos) le han ayudado a mejorar su vida. Si estás interesado en poner a prueba tus límites y aprender cómo convertirte en la mejor versión de ti mismo, amarás los trabajos de Martin.

Puedes leer sus libros aquí:
http://www.amazon.com/author/martinmeadows.

© Copyright 2017 por Meadows Publishing. Todos los derechos reservados.

Traducido de inglés por Paola Hernández.

La reproducción total o parcial de esta publicación sin un consentimiento expresado por escrito queda estrictamente prohibida. El autor aprecia que se haya tomado el tiempo para leer su trabajo. Por favor considere dejar una reseña en donde compró el libro, o comentar a sus amigos sobre éste para ayudarnos a correr la voz. Gracias por apoyar nuestro trabajo.

Se han hecho esfuerzos para asegurar que la información en este libro es precisa y completa. Sin embargo, el autor y editor no garantizan la precisión de la información, texto o gráficos contenidos en el libro debido a la rápidamente cambiante naturaleza de la ciencia, la investigación, hechos conocidos y desconocidos, y el Internet. El autor y editor no se hacen responsables por errores, omisiones o la contraria interpretación de la materia en el presente. Este libro es presentado con propósitos únicamente motivacionales e informativos.

[1] Ryan, R. M., & Deci, E. L. (2000). Intrinsic and Extrinsic Motivations: Classic Definitions and New Directions. *Contemporary Educational Psychology*, 25(1), 54-67. doi: 10.1006/ceps.1999.1020

[2] Ryan, R. M., & Deci, E. L. (2000). Intrinsic and Extrinsic Motivations: Classic Definitions and New Directions. *Contemporary Educational Psychology*, 25(1), 54-67. doi: 10.1006/ceps.1999.1020

[3] Preston, J. (2014, 26 de agosto). Richard Branson: My golden rule of business. Consultado el 26 de julio de 2016 en https://www.virgin.com/entrepreneur/richard-branson-my-golden-rule-of-business

[4] Harris, P. (2010, 1 de agosto). Elon Musk: 'I'm planning to retire to Mars'. Consultado el 26 de julio de 2016 en https://www.theguardian.com/technology/2010/aug/01/elon-musk-spacex-rocket-mars

[5] Waters, R. (2005, 22 de diciembre). Google's founders named Men of the Year. Consultado el 26 de julio de 2016 en http://www.ft.com/cms/s/2/86e14656-7315-11da-8b42-0000779e2340.html#axzz4FXl8Ba1e

[6] Tang, S., & Hall, V. C. (1995). The overjustification effect: A meta-analysis. *Applied Cognitive Psychology*, 9(5), 365-404. doi: 10.1002/acp.2350090502

[7] Silver, Y. (2015). *Evolved Enterprise: How to Re-think, Re-imagine, and Re-invent Your Business to Deliver Meaningful Impact & Even Greater Profits*. Consultado en https://evolvedenterprise.com/

[8] Grant, A. M. (2008). Does Intrinsic Motivation Fuel the Prosocial Fire? Motivational Synergy in Predicting Persistence, Performance, and Productivity. *Journal of Applied Psychology*, 93(1): 48-58. doi: 0.1037/0021-9010.93.1.48

[9] Acerca de Sevenly. Consultado el 27 de julio de 2016 en https://www.sevenly.org/pages/about-us

[10] Kahneman, D., & Deaton, A. (2010). High income improves evaluation of life but not emotional well-being. *Proceedings of*

the National Academy of Sciences, 107(38): 16489-16493. doi: 10.1073/pnas.1011492107

[11] Bandura, A. (1977). *Social Learning Theory*. Englewood Cliffs, NJ: Prentice-Hall.

[12] *Anderson, C. A., & Bushman, B. J. (2001). Effects of violent video games on aggressive behavior, aggressive cognition, aggressive affect, physiological arousal, and pro-social behavior: A meta-analytic review of the scientific literature. Psychological Science, 12(5): 353-359. doi:10.1111/1467-9280.00366*

[13] Paik, H., & Comstock, G. (1994). The effects of television violence on antisocial behavior: A meta-analysis. *Communication Research*, 21(4): 516-546. doi:10.1177/009365094021004004

[14] Baumeister, R. F. (2003). Ego Depletion and Self-Regulation Failure: A Resource Model of Self-Control. *Alcoholism: Clinical & Experimental Research*, 27(2): 281-284. doi: 10.1097/01.ALC.0000060879.61384.A4

[15] Ferriss, T. (2009). *The 4-Hour Workweek: Escape 9-5, Live Anywhere, and Join the New Rich.* New York: Crown Publishers.

[16] Johnston, W. M., & Davey, G. C. L. (1997). The psychological impact of negative TV news bulletins: The catastrophizing of personal worries. *British Journal of Psychology*, 88(1): 85-91. doi: 10.1111/j.2044-8295.1997.tb02622.x

[17] Schwartz, M. (2007, 7 de marzo). Robert Sapolsky analiza los efectos fisiológicos del estrés. Consultado el 29 de julio de 2016 en http://news.stanford.edu/news/2007/march7/sapolskysr-030707.html

[18] Brown, L. (2016, 20 de agosto). Refuse to complain. Complaining is just a way of not taking responsibility, justifying doing nothing, and programming yourself to fail [actualización de estado en Facebook]. Consultado el 21 de agosto de 2016 en https://www.facebook.com/Brown.Les/posts/10154377438849654

[19] Grant, A. M. (2013). *Give and Take: Why Helping Others Drives Our Success*. New York, NY: Viking.
[20] McKinney, F. (2002). *Make It Big: 49 Secrets for Building a Life of Extreme Success*. New York, NY: John Wiley & Sons.
[21] Burg, B., & Mann, J. D. (2007). *The Go-Giver, Expanded Edition: A Little Story About a Powerful Business Idea*. New York, NY: Portfolio.
[22] Bartolotta, D. L. (1998). If At First You Don't Succeed… What Makes You Try Again? Consultado el 29 de julio en http://repository.cmu.edu/cgi/viewcontent.cgi?article=1033&context=hsshonors
[23] Christy, M. (1982, 9 de mayo). Winning according to Schwarzenegger. *Boston* Globe. p. 51.
[24] McGonigal, K. (2012). *The Willpower Instinct: How Self-Control Works, Why It Matters, and What You Can Do to Get More of It*. New York, NY: Avery.
[25] Baumeister, R. F. (2003). Ego Depletion and Self-Regulation Failure: A Resource Model of Self-Control. *Alcoholism: Clinical & Experimental Research*, 27(2): 281-284. doi: 10.1097/01.ALC.0000060879.61384.A4
[26] Williamson, A., & Feyer, A. (2000). Moderate sleep deprivation produces impairments in cognitive and motor performance equivalent to legally prescribed levels of alcohol intoxication. *Occupational & Environmental Medicine*, 57(10): 649-655. doi: 10.1136/oem.57.10.649
[27] Simmons, M. (2013, 13 de mayo). Is The 70-Hour Work Week Worth The Sacrifice? Consultado el 30 de julio de 2016 en http://www.forbes.com/sites/michaelsimmons/2013/05/13/is-the-70-hour-work-week-worth-the-sacrifice/
[28] DeMarco, M. J (2011). *The Millionaire Fastlane: Crack the Code to Wealth and Live Rich for a Lifetime*. Phoenix, AZ: Viperion Publishing Corporation.
[29] King, S. (2010). *On Writing: 10th Anniversary Edition: A Memoir of the Craft*. New York, NY: Scribner.
[30] Holiday, R. (2016). *Ego Is the Enemy*. New York, NY: Portfolio.

[31] Rock, D. (2009). *Your Brain at Work: Strategies for Overcoming Distraction, Regaining Focus, and Working Smarter All Day Long*. New York, NY: HarperCollins.
[32] Rock, D. (2009, 04 de octubre). Easily distracted: Why it's hard to focus, and what to do about it. Consultado el 6 de agosto de 2016 en https://www.psychologytoday.com/blog/your-brain-work/200910/easily-distracted-why-its-hard-focus-and-what-do-about-it
[33] Pattison, K. (2008, 28 de julio). Worker, Interrupted: The Cost of Task Switching. Consultado el 6 de agosto de 2016 en http://www.fastcompany.com/944128/worker-interrupted-cost-task-switching.
[34] La Técnica Pomodoro. Consultado el 6 de agosto de 2016 en http://pomodorotechnique.com/
[35] K. D. Vohs, R., Baumeister, J. M., Twinge, B. J., Schmeichel, D. M., Tice, & J., Crocker (2005). *Decision fatigue exhausts self-regulatory resources--but so does accommodating to unchosen alternatives*. Consultado el 7 de agosto de 2016 en https://www.chicagobooth.edu/research/workshops/marketing/archive/WorkshopPapers/vohs.pdf
[36] Anderson, C. (2003). The Psychology of Doing Nothing: Forms of Decision Avoidance Result from Reason and Emotion. *Psychological Bulletin*, 129(1): 139-167. doi: 10.1037/0033-2909.129.1.139
[37] Baer, D. (2014, 12 de febrero). Always Wear The Same Suit: Obama's Presidential Productivity Secrets. Consultado el 10 de agosto de 2016 en http://www.fastcompany.com/3026265/work-smart/always-wear-the-same-suit-obamas-presidential-productivity-secrets
[38] Kirby, L. D., Morrow, J., & Yih, J. (2014). *The challenge of challenge: Pursuing determination as an emotion*. In M. M., Tugade, M. N., Shiota, & L. D., Kirby (Eds.), *Handbook of Positive Emotions*. New York, NY: Guilford Publications.
[39] *Rotter, J. B. (1966). Generalized expectancies for internal versus external control of reinforcement. Psychological*

Monographs: General & Applied, 80(1): 1-28. doi: 10.1037/h0092976

[40] Bandura, A. (1994). *Self-efficacy*. In V. S., Ramachaudran (Ed.), *Encyclopedia of human behavior*, vol. 4, pp. 71-81. Cambridge, MA: Academic Press.

[41] Carnegie Mellon University (2007, 20 de diciembre) *Randy Pausch Last Lecture: Achieving Your Childhood Dreams* [Archivo de video]. Consultado el 7 de agosto de 2016 en https://www.youtube.com/watch?v=ji5_MqicxSo

[42] *Wantrepreneur*. Urban Dictionary. Consultado el 16 de agosto en http://www.urbandictionary.com/define.php?term=wantrepreneur

[43] Williams, B. (2006, 25 de mayo). Steve Jobs: Iconoclast and salesman. Consultado el 17 de agosto de 2016 en http://www.nbcnews.com/id/12974884/

[44] Van Boven, L., & Gilovich, T. (2003). To Do or to Have? That Is the Question. *Journal of Personality and Social Psychology*, 85(6): 1193-1202. doi: 10.1037/0022-3514.85.6.1193

[45] Van Boven, L. (2005). Experientialism, Materialism, and the Pursuit of Happiness. *Review of General Psychology*, 9(2): 132-142. doi: 10.1037/1089-2680.9.2.132

[46] Kumar, A., Killingsworth, M. A., & Gilovich, T. (2014). Waiting for Merlot. Anticipatory Consumption of Experiential and Material Purchases. *Psychological Science*, 25(10): 1924-1931. doi: 10.1177/0956797614546556

[47] Pchelin, P., & Howell, R. T. (2014). The hidden cost of value-seeking: People do not accurately forecast the economic benefits of experiential purchases. *The Journal of Positive Psychology*, 9(4): 322-334. doi: 10.1080/17439760.2014.898316

[48] Patel, N. (2015, 02 de abril). *Why You Should Never Start Just One Business*. Consultado el 18 de agosto de 2016 en https://www.entrepreneur.com/article/244560

[49] Sivers, D. (2016, 02 de agosto). *When you're extremely unmotivated*. Consultado el 18 de agosto de 2016 en https://sivers.org/unmo

[50] Polivy, J. (2001). The false hope syndrome: unrealistic expectations of self-change. *International Journal of Obesity and Related Metabolic Disorders*, 25 Suppl 1: S80-4. doi: 10.1038/sj.ijo.0801705

[51] Vital, A. (2013, 23 de agosto). *Serial Entrepreneurs – The Founders Who Pursue Multiple Opportunities*. Consultado el 23 de agosto de 2016 en http://fundersandfounders.com/serial-entrepreneurs-how-to-pursue-multiple-opportunities/

[52] *Freelancing in America: 2015*. Consultado el 23 de agosto de 2016 en https://fu-web-storage-prod.s3.amazonaws.com/content/filer_public/59/e7/59e70be1-5730-4db8-919f-1d9b5024f939/survey_2015.pdf

[53] Meadows, M. (2015). *Determinación: Cómo seguir adelante cuando quieres darte por vencido*. Consultado en http://www.amazon.com/dp/B00V60LU20.

[54] *Karōshi*. (2016, 2 de agosto). En Wikipedia, la enciclopedia libre. Consultado el 22 de agosto de 2016 en https://en.wikipedia.org/w/index.php?title=Kar%C5%8Dshi&oldid=732672121

[55] McDonnell, J. (2016). The 1-hour workday. *Science*, 353(6300), 718. doi: 10.1126/science.353.6300.718.

www.ingramcontent.com/pod-product-compliance
Lightning Source LLC
Chambersburg PA
CBHW031625210526
45464CB00004B/1747